21세기 공학과 기독교 인문학이 만날 때

<공학과 인문학의 만남 세계관시리즈 ①>

21세기 공학과 기독교 인문학이 만날 때

공학과 인문학의
두 날개로 비상하는
하나님 나라
청년들에게

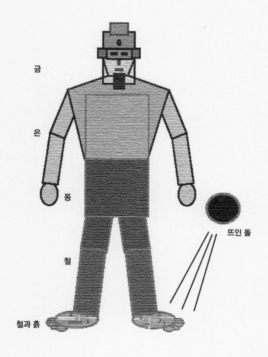

목차

<머리말>

　21세기가 시작되면서 융합, 통합, 통섭이라는 단어들이 회자되기 시작했다. 대학에서도 모든 학문들을 두루 섞은 융합교육이 유행하며, 창의융합교육원, ICT융합창업학부, 사회융합자율학부 등과 같은 새로운 학부들이 등장하였다. 그것은 우리가 살아가는 세상의 학문이나 사회현상이 매우 복잡하여 20세기에 가르치던 전문화 교육으로서는 설명하고 파악하기 힘든 시대로 접어들었기 때문이다.

　20세기가 과학기술을 숭상하던 시대였다면, 21세기는 본격적인 4차원적 공학의 시대로 진입하였다. 21세기 공학은 과학기술과 경영경제의 융합으로 유용성과 효율성을 추구하는 동시에 국제정치와 언어소통능력, 그리고 환경과 지속가능성까지 고려하는 총체적 융합학문의 성격을 띠게 되었다.

밀레니엄은 양수리처럼 과거와 현재의 두 물줄기를 만나게 한다. 10세기를 전후하여 십자군들이 아랍국가에서 가지고 들어온 아리스토텔레스의 방대한 과학적 저술이 재발견되면서 기독교 신학과 플라톤 철학에 묶여 있었던 서유럽 국가에 큰 변화가 일어났다. 학문의 중심이었던 수도원에서 우주를 다양한 시각으로 재해석하고 가르치는 세계관 운동이 펼쳐지면서 대학(University)이 만들어졌다. 그리고 기독교 신학과 아리스토텔레스의 과학을 절충하여 융합시키고자 하는 노력과 충돌이 일어났으며, 그 결과로 나타난 것이 스콜라 철학과 그에 맞서는 경험론적 근대과학이었다. 학문의 융합은 세계관의 확장을 가져왔다. 유럽 사회는 르네상스와 종교개혁, 뒤이은 과학혁명과 산업혁명을 일으키며 과학기술과 인문학적 사고가 만나는 정신 사상사의 대변혁을 경험하였으며, 단숨에 동양을 앞지르고 정복하는 제국주의 시대가 펼쳐졌다.

그리고 천년이 다시 흘렀다. 20세기 초 라이트 형제가 비행기를 발명하고 마르코니가 무선통신을 발명하자 100년이 채 안 되어 인류는 교통과 통신으로 전 지구를 하나로 묶는 지구촌 시대를 열었다. 이제 21세기에는 일론 머스크가 민간 우주관광 시대의 개막을 선언하며 유인 로켓을 발사하고,

5G를 넘어 6G 위성통신은 전 지구의 사람과 사물을 연결하는 만물 인터넷(EoT: Everything of Internet) 시대의 개막을 알리고 있다. 그와 발맞추어 우리가 살아가던 현실 우주와는 별개로 가상공간에서 존재하는 메타버스의 병행우주가 우리의 삶에 깊숙이 들어오기 시작했다.

10-11세기 새 천년을 맞이하여 기독교 신학과 아리스토텔레스 과학의 융합으로 유니버시티가 탄생했다면, 이제 인류는 20-21세기 두 번째 새천년을 맞이하여 메타버시티(Metaversity)의 탄생을 예고하고 있다. 즉 4차산업혁명의 시대에 우리가 맞닥뜨리는 새로운 융합은 유니버스와 메타버스의 융합이다. 그 새로운 시대를 기독교적 관점으로 해석하고 준비하기 위해 작은 책자가 마련되었다.

첫 장에서는 공학의 정의와 기독교적 해석을 21세기 개념으로 풀어갈 것이다. 이어서 두번째 장에서는 성경에 등장하는 다니엘의 신상을 시간에 따라 통시적(通時的: diachronic point of view)으로, 공간에 펼쳐놓고 공시적(共時的: synchronic point of view)으로, 그리고 성경을 꿰뚫는

통전적(通傳的: holistic point of view) 시각으로 풀어서 해석하려 한다. 그 속에 감춰진 시대정신과 성경적 세계관을 공학적 관점으로 해설하는 특별한 지혜가 빛날 것이다. 세번째 마지막 장에서는 이 시대 가장 중요하게 부상하고 있는 심각한 환경문제의 원인을 찾아가며 인간의 타락에 의한 오만한 지성과 탐심의 뿌리를 드러내고자 한다.

이 책은 지난 25년간 한국과 미국, 중국, 북한, 캐나다 등 여러 대학을 두루 다니며 가르치고 연구하면서 얻은 세계관적 통찰에 의해 쓰여졌던 글들의 모음집이다. 앞으로 이런 세계관적 해석과 해설을 담은 소논문과 컬럼들을 모아 시리즈로 엮어볼 생각이다. 아무쪼록 독자들에게 시대를 읽는 혜안을 밝혀주는 작은 등불이 될 수 있기를 바란다.

정진호

1장

공학에 대한 기독교적 이해

서론

현대 사회를 흔히 기술사회(technological society)라고 말한다. 그 말속에는 현대 사회를 구성하고 있는 개인이나 집단이나 조직이 근대과학의 총체적 산물인 과학기술이라고 하는 문화적 동인(動因)에 의해 지배받고 움직여 나가고 있다는 사실이 내포되어 있다. 그러나 최근 현대 기술사회의 두드러진 경향에 대해, 과학기술이 사회 전반에 걸쳐 그 영향력을 편만이 행사하는 단순 기술사회에서 이미 이탈하여, '기술혁신을 통한 적자생존의 경쟁 사회'라는 진화론적 해석으로 종종 특징 짓고 있다. 이는 과학주의의 열매인 기술주의에 경제주의의 가세를 의미함이며 사회를 주도하는 동인으로서의 역할이 단순 기술에서 공학적 개념으로 확대되고 있음을 가리킨다. 또한, 각종 정보산업의 발달이나 지적 소유권 및 국제 특허에 관한 중요도가 날로 높아지고 있는 가운데 불과 몇 년 전만 해도 획기적인 발명이었던 것이 단시일 내에 무용지물이 되어버리는 사례가 허다히 일어나고 있다. 더구나 빛의 속도에 근접한 5G, 6G 통신기술의 발달에 따라 시공을 초월하는 각종 정보통신산업 및 플랫폼 산업이 세계적 관심사로 부상하였다. 이미 대다수의 세계적 기업들은 기술 개발을 위한 전략적 차원에서 R&D&E(Research & Development & Engineering)의 개념으로 전환하고 있으며, 나아가서는 자원, 기술, 자본 및 시간을 종합적으로 기획, 관리하는 4차원적 경영전략 및 그를 위한 플랫폼 구축을 새로운 공학적 개념으로 체계화하여 추구하고 있다. 그뿐 아니라 환경과 지속가능성, 사회윤리 및 투명한 지배구조까지 고려하는 ESG(Environmental, Social, Governance) 경영전략을 앞다투어 채택하고 있는 실정이다. 이와 같이, 현대 사회에서 총체적 융합학문으로 공학이 차지하는 비중이 날로 높아갈 뿐만 아니라 그 개념조차도 복잡다단해지고 있는 가운데, 공학이 우리의 실생활 속에서 직간접적으로 또는 부지불식간에 미치고 있는 여러 가지 영향들은 아무도 부인할 수 없게 되었다. 공학 교육의 경험이나 이해가 거의 없는 일반인들조차도 최신의 첨단 소재나 2차 전지, 유전자 가위 기술과 태아 설계 또는 AI와 ChatGPT, 메타버스, 그리고 환경오염과 탄소 중립 등의 문제에 관하여 스스럼없이 이야기하기에 이르렀다. 더구나, ICT 및 AI 기술에 기반한 공학 계통의 관련 직업이 다른 분야에 비해 급속히 성장 및 세분되고 있는 실정에서 그에 따른 사회적 인력 자원의 수요 증대에 맞추어 많은 학생들이 공학 계통 또는 공학적 개념이 가미된 창의적 융합 전공의 진로를 희망하고 있고, 그 가운데에는 기독 학생들도 포함되어 있음은 물론이다. 따라서 본고에서는 우리의 물질 및 정신 문화 속에 깊숙이 침투해 들어온 공학이라는 학문을 다시 정의하고 성서적으로 이해함으로써, 기독교적 세계관 내에서 공학인으로서의 바른 역할 및 자세를 21세기 컨텍스트 속에서 조명해 보고자 한다.

〈그림 1〉 과학-기술-공학의 차이

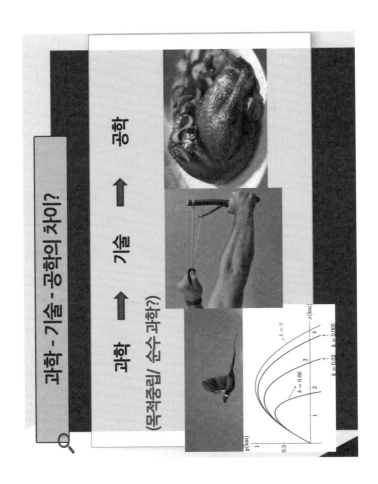

21세기 공학과 기독교 인문학이 만날 때

공학의 정의 및 학문으로서의 위치

　공학에 대한 다양한 정의가 있을 수 있겠지만, 편의상 공학을 '자연 및 자연현상을 인간의 문화생활에 유용하고도 효율적인 도구 및 수단으로 구체화시키는 방법에 대해 연구하는 학문'이라고 정의하자. 이제 이와 같은 정의로부터 공학이라는 학문이 인간의 문화사(文化史) 속에서 뿌리내리고 있는 독특한 역할과 위치를 파악하기 위하여, 과학-기술-공학이라는 불가분의 3요소의 학문적 연계성에 대해 먼저 생각해 보자. 쉬운 예를 들어, 만일 어떤 사람이 날아가고 있는 새의 움직임에 대하여 관찰하고 있다면 그는 과학의 범주에 속하는 학문 행위를 하고 있는 셈이 된다. 그러나 그가 그 새를 땅에 떨어뜨리기 위하여 새총을 고안하여 만들었다면 그의 행위는 이미 기술의 영역으로 들어갔다. 그러나 여기서 이 행위가 공학적으로 의미를 갖기 위해서는 먼저 그가 새총을 만들기 이전에 저녁 식탁에 놓인 먹음직스러운 꿩구이를 연상했어야 하며, 일단 만들어진 새총이 해가 지기 전에 꿩을 떨어뜨리기에 충분한 기능을 가지고 있음이 떨어진 꿩에 의해 확인되어야만 한다. 다시 말하면, 공학이란 '인간의 문화적 상황 속에서 동기를 부여받아 과학적 사고와 기술적 방편의 창조를 유발함으로써 목표 달성에까지 이르게 하는 일련의 종합적인 사고 체계'라 말할 수 있다. 따라서 공학에는 유용성과 효율성의 개념이 반드시 내포되며 이(利)를 추구하고자 하는 인간의 본성에 그 닻을 내리고 있다.

여기서, 공학의 학문으로서의 위치를 재조명 혹은 정립하기 위하여 순수학문과 응용학문의 구분(또는 과학주의적 사고에서 출발한 순수과학과 응용과학의 구분)에 관한 문제를 잠시 거론할 필요가 있다. 전통적으로 순수학문으로 분류되었던 철학이나 물리학은 이(利)의 관점과는 무관하게 인간과 우주의 본질을 추구한다는 점에서 목적 중립적(目的 中立的)이며 학문 자체를 위한 학문으로 높이 평가되어 왔다. 그러나 이와 같은 생각도 학문 활동의 주체인 인간이 절대 진리 앞에서 자유로울 수 있다는 인본주의적 전제에서 출발한 가치관의 한 단면이며, 동서양을 막론하고 유・불교나 희랍 철학 또는 중세 스콜라 철학에 이르기까지 전반적으로 팽배해 있던 이원론적 가치 체계, 즉 영적인 것과 육적인 것, 탈속적인 것과 세속적인 것, 상부구조와 하부구조 등으로 구분 인식하고자 했던 사상의 조류들이, 결과적으로 노동과 기술에 대한 부정적 시각을 낳았으며, 한편으로는 이(利)를 추구하는 행위를 천시하여 노동자 위에 군림하며 '놀고먹자'는 지배 계층의 지배 논리만을 옹호하는 데 앞장서 왔다는 사실을 새삼 상기해 볼 필요가 있다.[1]

종교개혁 이후로, 인간의 합리적 사유 속에만 묶여 있던 자연과학이 관념론의 굴레에서 해방되자 실험과 관찰을 동반한 경험주의적 철학이 과학혁명을 일으켰다. 루터와 칼빈 등의 개혁주의자에 의해 노동과 부의 축적에 관한 새로운 해석이 이루어지자 중상주의와 함께 계몽주의적 진보사상의 발현으로 인한 산업혁명이 뒤를 이었으며, 과학과 기술은 더 이상 분리될 수 없는 두 수레바퀴처럼 동반 관계를 유지하며 근대 인류 문화사의 조류 속에서 가장 급하고 빠른 물살을 형성해 온 것이다.[2] 우리가 이제는 학문이 더 이상 순수만을 고집할 필요가 없는 시대에 살고 있음에도 불구하고, 간혹 순수/비순수를 구별짓는 이원론적 타성에 빠지게 되는 것은 여전히 우리의 의식 구조 속에 육체적 노동을 천시하고 정신 활동만으로 삶을 유지하겠다는 순수치 못한 동기가 내재되어 있음에서 오히려 그 원인을 찾아야 할 것이다.

성경은 에덴동산에서 첫 사람 아담과 하와에게 주어진 첫 계명이 청지기적 사명으로 동산을 가꾸고 지키라는 것이었다고 말한다(창세기 2장 15절). '가꾸다'라는 히브리 단어 '아바드'는 일하다(work), 경작하다(cultivate)라는 의미와 함께 섬기다(serve), 예배하다(worship)의 의미까지 지닌 단어이다. 따라서 동양의

〈그림 2〉 첫 사람에게 주어진 첫 계명

문화(文化)가 글과 생각을 다루는 형이상학적 개념인데 비해 성경이 말하는 문화, 즉 cultivation은 농사를 짓듯이 자연을 가꾸고 관리하며 땀흘려 일하는 노동에서 시작하고 있다. 그리고 나를 돌보고 가족을 돌보며 사회와 자연을 돌보고 발전시키는 그것이 곧 하나님이 우리를 지으신 목적이며, 노동을 통해 열매를 구하기 위해 더 효율적인 기술을 개발하고 발전시키는 삶의 현장이 바로 하나님의 뜻을 이루어 가는 예배의 장소임을 알려주고 있다. 그리고 하나님의 명령에 순종하여 그 삶의 터전을 잘 지키라(샤마르)고 명령하고 계신다. 이와 같이 공학은 이(利)의 추구라는 뚜렷한 목적의식을 처음부터 표방하고 나서는 학문이요, 행동하는 학문이요, 열매를 바라는 학문으로서 미래 지향적인 자신의 위치를 성경적으로 새로이 조망해 볼 필요가 있다.

성서에 나타난 공학적 개념의 두 가지 측면

그렇다면, 유용성과 효율성의 법칙 안에서 정의되는 공학이라는 학문을 성서적으로는 어떻게 더 깊이 이해할 수 있을 것이며, 본질적으로 이것이 기독교적 세계관 내에서 융화될 수 있는 것인가? 이 문제를 본격적으로 제기해 보자. 이는 특히 오늘날 세상은 물론이고 교회 내에까지 팽배히 밀려 들어오고 있는 물질주의 및 세속주의의 방만한 영향력을 생각해 볼 때, 현대사회에서 발생하는 제 문제들이 공학을 선봉으로 한 기능주의 가치관이 형성한 역기능의 한 단면이라는 지적과 결코 무관할 수 없다는 점에서 더욱 중요하다. 세상 학문의 첨병으로서 혹은 여러 가지 왜곡된 요인에 의해 발생하는 사회적 · 환경적 병리 현상의 주범으로서 공학이 종종 거론되고 있는 현 시점 속에서 공학의 성서적 위상을 정립하고 기독교적 세계관을 견지한 공학인이 사회 속에서 감당해야 할 역할을 바로 인식하는 것은 매우 시급한 일이다.

다른 모든 학문 활동이 그렇듯이 공학 또한 인간의 문화활동의 한 형태가 사회적 표현으로 체계화된 것으로 이해할 수 있다. 성경은 최초의 문화활동에 이미 공학적 개념이 깊이 관여하고 있음을 명백히 한다. 아우 아벨을 살해한 죄로 하나님 앞을 떠나 떠돌며 방황하던 카인이 에덴 동편 놋땅에 거하여 처음 한 일은 에녹이란 이름의 성을 쌓은 일이었다. 창세기 4장은 최초의 도시 에녹 안에서 펼쳐지는 카인의 후예들의 문화활동에 대해 비교적 상세히 묘사하고 있다. 카인의 5대손인 라멕의 시대에 이르러서는 이미 장막을 치고 생활하는 육축업이 있었고 음악 하는 사람이 있었으며 라멕의 아들 두발가인은 동과 철로 각양의 날카로운 기계를 만들었다고 기록하고 있다. 성을 쌓은 일은 토목공학이요 장막을 만든 일은 건축공학이요 악기를 제조한 수공업, 동철을 만든 야금학, 기계를 만든 기계공학 등의 유래가 한꺼번에 소개된다.

그러나, 불행하게도 그들의 문화적 산물에는 불

순종의 타락으로 인해 오염된 죄의 성품이 벌써 반영되고 있었다. 하나님을 떠남으로 인해 안식을 상실한 카인은 아무도 그를 죽이지 못하리라는 하나님의 약속에도 불구하고 스스로의 안전을 확보하려는 의도에서 성을 쌓음으로써 불신으로 가득 찬 살인자의 불안한 심리상태를 그대로 표출하고 있다. 수금과 퉁소의 선율이 하나님을 불순종하고 형제를 살해함으로써 깨어진 그들의 평강(Shalom)을 회복하는 데 얼마나 기여했는지의 의문은 차치하고, 대장장이 두발가인의 이름에서 암시하듯이 카인의 후예(Cainites 혹은 Kenites로 표기된 히브리어는 대장장이 Smith의 뜻을 가진 아랍어와 어원을 같이하고 있다.[3])들은 자신의 신변 안전을 위해 곧바로 무기류를 제조하기 시작했던 것 같다. 그리하여 라멕은 자신이 정당방위로서 살인하였음을 강변하고 자기를 해하려 하는 자에게 칠십칠 배의 보복을 가하겠다는 지극히 오만한 선언을 하기에 이른다(창 4:23). 여기서 우리는 지구를 수십 번 파괴하고도 남을 만한 가공할 핵무기를 서로 쌓아놓고 자기만의 안전을 주장하는 냉전논리가 전혀 새로운 개념이 아니며 현대판 라메키즘(Lamechism)이라는 것을 쉽게 발견할 수 있다. 아무튼, 최초의 문화활동 산물로 나타난 여러 가지 공학적 개념들은 주로 부정적 결과를 창출해 냈으며, 그에 준하는 현상들이 현대에도 끊임없이 재현되고 있기 때문에 자칫 잘못하면 공학을 포함한 인간의 모든 문화활동은 죄의 소산이며 세상에 속한 것이요 하나님을 대적하는 것이라는 수도원 주의나 기존 체제와 교회를 부인하는 문화적 기피 주의에 빠질 우려가 있다.[4] 이와 같은 부정적 시각은 창세기 11장에서 인조 벽돌로 바벨탑을 축조하는 대목에 이르러 극대화되어 바벨문화는 현대의 과학기술 및 공학이 창출해낸 모든 왜곡된 문화현상을 상징하는 용어로 종종 쓰이고 있다.

그러나 여기서 성급한 결론을 내리기 전에, 성경에 나타난 공학적 개념들을 좀 더 폭넓게 살펴보면, 부정적 측면뿐만 아니라 긍정적인 측면들도 산재해 있음을 알 수 있다. 우선, 두발가인이 제조한 날카로운 기계류가 반드시 무기가 아니라 생산적인 공기구류일 가능성도 얼마든지 있으며, 노아가 하나님의 명을 받아 잣나무로 거대한 방주를 지은 것이나(창 6:14~22), 셈의 후손 벨렉이 수로를 만들어 땅의 구획을 정한 일(창 10:25), 이스라엘 백성을 이집트에서 이끌어낸 모세가 여호와의 명을 받아 광야에 성막을 건축한 일(창 25~30장) 등이 그 예이며 같은 연금술이라 할지라도 때론 금송아지의 우상을 만들기도 하지만, 때로는 성소 안의 금촛대나 황금장식의 제조에 선하게 사용되기도 하였다. 그러나 그 무엇보다도 인간의 문화활동 이전에 만물을 지으신 하나님의 창조행위가 이미 공학적 개념으로 충만해 있음을 보게 된다. 종종 토기장이로 표현되는 하나님은 흙으로 빚어 인간을 만드셨으며(창 2:7), 땅의 기초를 놓으시고 모든 도량을 정하셨으며 주초를 세우시고 모퉁이 돌을 놓으신 분이라고 성경은 기록하고 있다(욥 38:4~6). 또한 그분은 타락한 아담과 하와를 위하여 가죽옷을 지어 입히신 분이며(창 3:21) 이스라엘 백성을 위하여 홍해를 가르시고 여리고 성을 무너뜨리는 초자연적인 공학적 역사를 행한 분이기도 하다.

이제 우리는 공학적 행위 자체는 선하지도 악하지도 않은 것이며 오직 의도하는 바 목적에 의하여 그 결과가 선하게 혹은 악하게 나타난다는 것을 쉽게 유추할 수 있다.

한편, 유용성과 효율성의 문제로 되돌아가 보면, 과연 공학적 개념에 내재되어 있는 利의 추구가 성서적으로 부합하는가 하는 의문이 여전히 남는다. 그러나 여기에도 같은 원리로 답할 수 있는데, 즉 利의 추구 자체는 선하지도 악하지도 않으며 선험적 이익(이것을 하나님의 뜻 또는 편의상 유익이라 칭하자)에 합한 利의 추구는 선하다고 할 수 있지만, 타락한 인간의 탐심에 의해 전개되는 유익하지 못한(더러는 불필요한) 利의 추구는 악한 결과로 나타난다는 것이다. 본질적으로 기독교적 세계관은 하나님이 우주 만물을 창조하시되 뚜렷한 목적을 가지고 창조하셨으며 장차 나타날 그의 영광을 위하여 미리 예비하셨다고 하는 미래 지향적인 역사관을 그 전제로 하고 있기 때문에 목적 지향적인 공학 행위가 하나님이 설정해 놓은 창조의 구도 속에서 연속성을 잃지 않고 당위적으로 받아들여지는 것은 자연스러운 일이다. 오히려 그의 피조물이며 그에게 절대 의존적일 수밖에 없는 인간의 창조 행위가 어떻게 목적 중립적일 수 있는가 하는 반문이 제기된다.

효율성의 문제에서도 하나님이 우주 만물을 창조하시되 질서와 순서를 두고 창조하셨으며 시공간 내에서 한 치의 오차도 없이 사물을 질서 있게 배열하신 그 경륜을 생각해 볼 때 쉽게 이해될 수 있다. 20세기를 뒤흔들어 놓은 양자론과 상대론의 세계 속에서 우리는 물질 원자 하나에 들어 있는 오묘한 양자 역학적 질서에 놀라게 된다. 아인슈타인의 상대성 이론의 함의는 시공간과 물질 창조의 엄숙한 순간이 곧 창세기 1장 1절 "태초에 하나님이 천지를 창조하시니라"의 참 의미라는 것을 과학적으로 입증한 것이며, 그 웅장하고 아름다운 조화에 감탄을 금할 수 없게 만든다.

창세 전에 이미 예비하신 구속의 역사조차도(때론 우리 인간들의 눈에는 기이하고 불합리하게 느껴질지라도) 카이로스(Kairos)의 시간에 맞추어 가며 그분의 선하심을 드러내기에 가장 효율적인 방법으로 이루어져 가고 있는 것이다. 따라서 유용성과 효율성을 추구한다는 명분하에 인간성과 자연계의 파괴를 향해 진행되고 있는 공학의 모든 부도덕한 면들은 오직 하나님의 뜻을 거스른 인간의 타락한 본성에 기인하고 있다고 볼 수 있다.

그러나, 현실적으로 유용성과 효율성의 법칙을 따라야 하는 공학인들로서는 무엇이 기준인가 하는 문제가 심각하게 대두된다. 도무지 무엇이 유익의 기준인가? 어디까지가 하나님의 뜻에 합한 것인가? 이에 대한 분별력 있는 해답을 구하기 위해 우리는 먼저 뜻한 바 목적을 이루어 가시는 하나님의 속성과 방법을 잠시 생각해 볼 필요가 있다. 자존하시고(self-existent), 자족하시며(self-sufficient), 영원하신(eternal) 하나님은 비록 당신의 영광을 위하여 우주 만물과 인간을 창조하셨지만, 우리 인간으로부터 당신의 어떤 유익을 구하는 분이 결코 아니라는 사실을 깨달아야 한다.[5] (이는 바꾸어 말하면, 그의 피조물이 그에게 영광을 돌리지 않는다 하더라도 혹은 설사 그가 피조물을 창조치 아니하였다 할지라도 그의 완전함은 어떤 손상도 받지 않는다는 뜻이다.) 그럼에도 불구하고 양같이 그릇 행하여 각기 제 갈 길로 가고 있는 당신의 피조물들을 끝까지 사랑하셔서 예수 그리스도를 완전한 사람의 모습으로 이 땅에 보내어 십자가의 형극을 담당케 하시고 우리에게 구원의 길을 열어 주신 분이다. 노하기를 더디 하시고 오래 참으심으로 모든 사람이 구원에 이르기를 원하시는 그분은 한편으로는 불의를 용납하지 아니하셔서 징계의 채찍을 가하시고 심판의 날을 예비하신 분이기도 하다. 그리하여 구원이 완성에 이르고 우주의 창조 질서가 회복되는 날, 온 피조계는 비

로소 그의 영광을 바라보고 즐거이 찬양할 것이지만,
이 모든 구원의 역사를 주관하시는 하나님은 오직 우
리의 유익을 위하여 그의 거룩함에 참예케 하시는 분
이라고 성경은 기록하고 있는 것이다(히 12:10).

현대의 공학적 문제점 분석

그렇다면, 오늘날 과학-기술-공학적 개념하에서
야기되고 있는 제반 문제들은 무엇이며 어떠한 양태
를 보이고 있는가? 우리가 직면하고 있는 공학적 상
황에 대한 바른 인식을 위하여 현실적인 시각으로 잠
시 돌아가 보자.

지난 1세기를 지속되어 오던 동서 양 진영의 이데
올로기의 양극화 시대가 점차 막을 내리면서 우리 시
대의 가장 거대한 신상(神像)으로 떠오른 것은 다름
아닌 '기술지상주의(技術至上主義)'라는 지엽적(枝葉的)
개념을 숭배하는 '물질 번영의 이데올로기'이다. 그러

나 이는 역사적으로 볼 때 결코 새로 등장한 이데올로기가 아니다. 16, 17세기의 과학혁명 이후 이미 배태(胚胎)되어 서서히 성장해 오던 과학기술 우상화(偶像化)의 씨앗이 19세기 말, 20세기 초에 양수 터지듯이 쏟아져 나온 전자기학, 진화론, 양자역학, 상대성이론 또는 유전공학과 같은 현대 물리학 및 생물학의 충격파를 쬐면서 기형적 급성장과 함께 물질적 번영에 의한 낙원 건설이라는 황금빛 형상(image)을 인간의 뇌리 속에 만들어 내었던 것이다. 그러나 두 차례에 걸친 세계대전 및 한국전쟁과 베트남 전쟁을 통해 등장한 냉전구도는 인류를 자유와 평등이라는 두 가지 보편가치로 양분화하여 극단적인 대립상황으로 몰아갔다. 하나님을 떠난 인본주의에 대한 응징이며 동시에 타락한 인류의 파멸의 전조로서 상징적 성격을 지닌 히로시마, 나가사키에 투하된 원폭은 수퍼파워를 과시하여 스스로 신이 되고자 하는, 아니 하나님 위에 올라서려고 했던 라멕의 본성의 표출이었다.

원폭의 충격과 이어진 전쟁의 상흔으로 한때 찬물

을 뒤집어쓰고 주춤했던 과학기술 유토피아를 향한 집념은, 우리 인간의 탐심을 향해 '떡만으로 살 수 있다' 고 끊임없이 속삭여대는 사탄의 사주를 등에 업고 사회주의-자본주의 이념 대립의 구도를 와해시키며 또다시 모습을 드러낸 것이다.

하우쯔바르트가 지적한 바와 같이, 기술 지상주의가 명백한 우상이라는 증거는, 인간이 손으로 만들어 세운 모든 우상이 그러하듯이, 현대의 공학적 기술이 인간을 위해 유익한 문화적 방편을 제공하며 인간을 섬기는 도구로서의 위치에서 벗어나 그 자체가 생명력을 갖고 자신의 권리를 주장하며 인간을 대적할 뿐만 아니라 오히려 인간 위에 군림하여 인간의 사고와 행동을 조종하고 지배하는 위치로 자리바꿈을 하고 있다는 사실에 연유한다.[6] '기술만이 살길이다'라는 구호가 마치 우리 사회의 보편적 정의(正義)요 최고 선(最高善)인 양 규정지어진 채 오직 개인과 기업과 사회 각 분야에서 뾰족이 높아만 가는 첨단화 현상은

제2의 바벨탑을 가히 연상케 한다.[7] 첨단기술, 첨단공학, 첨단소재 등 천편일률적으로 요구되는 사고의 첨단화 현상은 기술지상주의에 의한 우상숭배의 한 단면으로 해석할 수 있다. 그러나 우상숭배에 대한 성경적 계시와 가르침은 너무나도 명백하여 이스라엘의 역사를 통해 드러난 교훈은 '우상숭배는 곧 종국의 파멸과 심판으로 이어진다'는 사실을 반복적으로 기술하고 있기 때문에, 현대의 공학 기술이 피조계 전반에 일으킨 여러 가지 위협이나 부작용 및 역기능은 때론 우리에게 종말적인 징후의 불안감을 안겨다 주기도 한다. 이에 대한 실례들을 편의상 세 가지로 분류하여 열거하면 다음과 같다.

첫째, 핵무기 및 핵연료 개발 및 사용에서 오는 위협이나 유전자 조작 또는 인공적 생명체 창조에 대한 시도와 그 결과에 대한 두려움과 같이, 물질 및 생명의 근원과 본질에 대한 인간의 인위적 변형과 창조에 대한 도전의 문제가 있다. 이 문제가 갖는 공통적인 특징은 그 결과가 도저히 예측을 불허할 뿐 아니라 일시에 지구상의 전 피조계를 말살해 버릴 수 있는 위협적인 잠재력을 지니고 있다는 사실이다. 이에 대해 과학 및 기술적 진보에 대하여 비교적 부정적 시각을 지닌 프랑스의 기독교 사회학자 자크 엘룰은 "과연 우리 인간에게 도무지 이와 같은 종류의 행위가 허용되어 있는가?"라는 근본적인 질문을 던지고 있다.[8] 성서적으로 비추어진 과학, 기술의 허용 한계의 문제는 매우 미묘할 뿐 아니라 누구도 정확한 해답을 제시하기 어려운 신학적 논쟁거리일 수 있기 때문에 더 이상 언급을 회피하더라도, 우리 인간은 창조 당시부터 제한적 존재로 지음 받았고(창 2:17), 타락 이후에는 들어갈 수 없는 생명나무의 경계가 주어졌으며(창 3:24), 우리의 지식 확장과 사용에 있어서도 교만함을 허용치 않으시는 하나님의 선하신 뜻이 담겨져 있음을 묵상할 필요는 있다. 이에 대해 성서는 매우 상징적이고 압축된 표현으로써 다음과 같이 말하고 있다.

*"네가 여기까지 오고 넘어가지 못하리니 네 교만
한 물결이 여기 그칠지니라*(욥 38:11)"

둘째, 과학, 기술 및 공학적 방편에 대한 과신 또
는 맹신에서 오는 인간성 파괴 및 소외의식과 그에
수반되는 문제점들이 있다. 로봇 및 컴퓨터에 의한
생산 제어 라인에서 점차 소외되고 밀려나는 노동자
계층, 끝도 없이 반복되는 일관 작업으로부터 잠식당
하는 인간성, 무관심의 만연, 컴퓨터에 의한 수치 계
산 및 통계적 기법의 과신에 의한 의식의 디지털화
(digitalization) 및 오판의 가능성, 정보통신 기술의 발
달에 의한 거대한 기계적 조직사회의 감시, 빅브라더
에 의한 통제기능의 강화와 그에 따른 정보 빈민 또
는 정보 노예 계층의 등장 등을 그 예로 들 수 있다.
코로나19 팬데믹으로 인한 비접촉 사회의 급격한 등
장과 가상공간 메타버스로의 몰입이 농업혁명, 산업
혁명에 이은 디지털 혁명에 의한 인간의 3차 소외를
극대화하고 있다.[9] 이는 첫째 문제와 같이 생명에 결

정적 위협을 주지 않는다는 점에서 과소평가될 수도 있으나 오히려 개인에게 더 실제적이고 자신도 모르는 사이에 정신적 전염병처럼 감염되어 사회 전반에 퍼져 나가는 특징을 지니고 있다. 성경은 우상 만들기에 여념이 없어 눈과 마음이 가리워진 인간의 모습을 이사야 선지자의 입을 통해 실감 나게 묘사하고 있다. "우상을 만드는 자는 다 허망하도다. 그들의 기뻐하는 우상은 다 무익한 것이거늘 그것의 증인들은 보지도 못하고 알지도 못하니 그러므로 수치를 당하리라…. 그 대장장이들은 사람일 뿐이라. 그들이 다 모여 서서 두려워하며 함께 수치를 당할 것이니라. 철공은 철로 연장을 만들고 숯불에 불리고 망치로 치고 힘센 팔로 그 일을 하나 배가 고프면 기운이 빠지며 물을 마시지 아니하면 피곤하니라…. 신상 곧 자기의 우상을 만들고 그 앞에 엎드려 경배하며 그것에게 기도하여 이르기를 너는 나의 신이니 나를 구원하라 하는도다"(사 44:9-17)

셋째, 눈앞의 이윤 및 경제적 번영만을 추구하는 과학기술 공학의 무절제한 남용으로 빚어진 급증하는 환경문제와 생태계 전반의 파괴가 문제시된다. 이에는 지구촌의 곳곳에서 벌어지는 집단 이기주의와 무분별한 자원 이용에 의한 고갈 및 사막화와 황폐화, 화학 비료와 살충제 살포, 공장폐수와 폐기물, 폐가스, 핵폐기물에 의한 토질, 하수오염 및 미세먼지와 대기 오염, 해양 산성화, 무절제한 일회용 플라스틱 제품의 사용으로 쌓여만 가는 생활 쓰레기와 미세 플라스틱에 의한 해양오염, 각종 배기가스 및 CO_2 방출로 인한 지구 온난화 문제, CFC 제품의 남용에 의한 성층권 파괴의 문제 등을 비롯하여 헤아릴 수 없는 신종 환경 문제들이 등장하고 있다. 프란시스 쉐퍼는 팝 그룹 더 도어즈(The Doors)의 노래 가사를 인용하여, 황폐해진 자연을 약탈당하고 유린당한 채 찢기어 버려진 우리의 어여쁜 누이라고 부르면서, 인간의 자연에 대한 이기적 지배심을 여자를 비인격적인 성적 쾌락의 도구로만 생각하는 무책임한 남자로 비

유하고 있다.[10]

그러나, 공학적 폐해에 대한 이와 같은 인위적 분류는 후술할 피조계의 타락과 관계 회복의 관점에서 보다 명료한 이해를 돕고자 하는 의도에서 시도되었을 뿐, 실제의 문제는 결코 독립적이지도 않으며 미처 언급하지 못한 복합적 요인에 의해 파생적으로 발생하는 문제들이 얼마든지 있는 것이다. 다만, 첫째 부류의 문제가 피조계를 급격히 치명적으로 살상하는 성격을 지닌 데 비하여 둘째 부류의 문제는 만성적 질병을 통해 인간을 정신적, 내면적으로 시들어 죽게 한다면, 마지막으로 언급한 환경과 생태계의 파괴는 인간을 포함한 피조계 전반의 육체적, 외형적 질병과 기형을 통해 죽음으로 몰아넣는 성격을 지닌다 하겠다.

이제까지 살펴본 바와 같이 공학적 개념의 우상화와 그에 따른 문제점들은 실로 우리 시대의 심각한 위기의식을 제공하고 있으며 이에 대한 기독교적인 관점은 세상에서 생각하는 것처럼 반드시 물리적이고 육적(肉的)인 개념의 도전만이 아니라 다분히 종교적이고 영적(靈的)인 싸움이요 도전에 처하고 있음을 나타낸다. 그러나 이미 전제된 바와 같이 성서에서 말하는 공학적 개념 자체는 결코 악하기만 한 것이 아니라 오히려 인간의 유익을 위하여 선하게 사용될 여지를 활짝 열어놓고 있음을 생각해 볼 때, 크리스천 공학도들은 이 자리에서 다시 한번 몇 가지의 핵심적인 질문에 처해야만 한다. 과학적 인본주의자들이 생각하는 것처럼 공학의 발달에 의한 물질 번영과 그에 따른 안락한 복지사회의 건설은 단지 거짓된 환상에 불과한 것인가? 인간이 하나님께서 주신 자연계와 지식을 활용하여 물질적 번영을 이룩하는 것이 과연 악한 것인가?

이와 같은 질문에 대한 대답은 결코 간단치 않다. 만약 인본주의자들이 과학기술 및 공학에 대한 그들의 환원주의(還元主義)적 사고[11,12]를 버리지 않는 한,

그들의 주장과 시도는 환상과 소멸로 끝을 맺을 것이다. 그러나 한편으로는, 공학적 개념에 의한 번영의 추구는 하나님의 영광 중에 찬란하게 단장되어 빛나는 새 예루살렘 성의 크고 높은 성곽과 같이(계 21:11~12) 하나님의 창조 구도 속에서 이미 내재되어 있는 것이다. 비록 폴 마샬이 지적한 것처럼, 우리는 과학기술이 지닌 자기 방향성(自己方向性) 또는 역사성(歷史性)에 의해, 공학적 개념에 우리의 목적성을 부여하기 위한 취사선택의 문제에 있어서 어느 정도 난처한 입장에 몰려 있는 것은 사실이다.[13] 그러나, 그와 같은 자기 방향성조차도 인간의 세계를 바라보는 관점에 따른 가치 평가와 반성적 사고, 그리고 행동을 결정짓는 책임적 사고 능력에 의해 끊임없이 수정되어 왔으며, 그 모든 역사를 간섭, 주관하시는 하나님의 초역사적(初歷史的) 섭리에 함축되고 의존될 것이다. 다만 우리의 현실적 문제는, 세속적인 공학적 개념들이 기술지상주의라는 이념하에서 물질적 번영만을 추구하는 우상으로 축소 환원되었다는 사실을 직시하는 데 있다. "사람이 떡으로만 살 것이 아니요 하나님의 입으로 나오는 모든 말씀으로 살 것이라(마 4:4, 신 8:3)"는 예수의 말씀과 같이, 우리의 삶의 전 영역에서 하나님의 주권이 선포되지 않고 피조물의 일부일 뿐인 떡 덩이가 우리의 내면에서 마땅히 추구되어야 할 하나님의 형상(image of God)을 밀어내고 우상(image of idols)으로 탈바꿈하고 채워져 갈 때, 다시금 우리는 첫째 아담이 지었던 죄의 삯(죽음을 향한 긴 행진)을 지불할 수밖에 없는 것이다.[14] 브살렐과 오홀리압과 같이 여호와께 지혜와 총명의 부으심을 받은 (출 36:1) 공학인들이 절실히 요구되는 지금, 각종 분야의 공학 현장에서 하나님의 주권과 영광을 마땅히 드러내야 하는 기독인들 앞에는 가나안 복지에 들어가기 직전 모세를 통해 하나님께서 주신 말씀이 놓여 있다. "내가 오늘날 복과 저주를 너희 앞에 두나니 너희가 만일 내가 오늘날 너희에게 명하는 너희 하나님 여호와의 명령을 들으면 복이 될 것이요 너희가 만일 내가 오늘날 너희에게 말하는 도에서 돌이켜 떠나 너희 하나님 여호와의 명령을 듣지 아니하고 본래

알지 못하던 다른 신들을 좇으면 저주를 받으리라(신 11:26~28)"

언약과 계명과 명령의 수임자로서 공학인의 역할

이제 논지는 명백해졌다. 우리는 바야흐로 기독교적 세계관으로 역사와 이웃과 자연을 조망하는 공학인이 취해야 할 바른 자세에 대해 언급해야 할 시점에 이르렀다. 필자는 이와 같은 문제들에 응답하여야 하는 크리스천 공학인들의 바르고 적극적인 삶을 지향하기 위한 하나의 방법론으로 모든 그리스도인에게 주어진 가장 원리적인 언약과 계명과 명령들로부터 그 해답을 모색하고자 한다.

언약 수임자로서의 공학인: 첫째, 공학인이기 이전에 그리스도인인 우리는 우리를 그리스도인으로 붙들어 주는 언약에 기초하여 바른 신앙 고백에서 출발하여야 한다. 이는 여호와 하나님이 그리스도 예수로 말미암아 유다와 이스라엘 나라에 세우신 새 언약(New Covenant)이요(렘 31:31), 우리는 그의 은혜로 말미암아 그의 나라에 접붙인 바 된 사람들로서 우리가 만일 예수를 마음으로 믿고 입으로 시인하는 신앙 고백에서 실패한다면, 지금까지의 모든 논의는 수포로 돌아갈 것이며 한낱 뿌리 없이 떠도는 부초에 지나지 않을 것이다. 그리스도 안에서 다시 태어난 우리는 창조주 하나님과의 깨어진 관계를 새로 맺음으로써 그분의 장인정신(匠人精神)으로 인하여 우리의 공학적 행위에 목적과 의미를 부여받게 된다. 사도 바울은 이에 대해 다음과 같이 명료한 글귀로 요약하고 있다. "우리는 그의 만드신 바라(We are His Workmanship) 그리스도 예수 안에서 선한 일을 위하여 지으심을 받은 자니 이 일은 하나님이 전에 예비하사 우리로 그 가운데서 행하게 하려 하심이니라(엡 2:10)" 여기에서 우리는 생명의 본질과 존엄성에 관한 도전이나 우상 만드는 일과 같은 그분의 선하신 창조

섭리와 의지에 역행하는 인간의 모든 공학적 행위를 거부할 수 있는 성서적 근거를 발견할 수 있다.

계명 수임자로서의 공학인: 둘째, 하나님과의 관계에서 회복된 우리는 관심을 이웃으로 돌려야 한다. 근본적으로 인간의 타락은 생명의 근원이신 하나님과의 관계 단절을 불러일으켰을 뿐만 아니라 원만했던 인간과 인간, 인간과 자연 사이의 관계에도 금을 가게 하는 치명적인 결과를 낳고 말았으며, 모든 피조물이 썩어짐의 종노릇 아래에 놓여 함께 탄식하며 함께 고통받게 되었다고 성경은 기록하고 있다(롬 8:21~22). 그러나 죄와 죽음으로부터의 해방자요 세상의 참빛으로 오신 그리스도 예수로 말미암아 피조계는 새 지평을 열게 되었고 닫혀 있던 관계들은 회복을 위한 첫발을 내딛게 되었다. 십자가의 길을 떠나기 직전 예수께서는 제자들을 모아 놓고 새 계명(New Commandment)을 주신다. "서로 사랑하라 내가 너희를 사랑한 것같이 너희도 서로 사랑하라 너희가 서로 사랑하면 이로써 모든 사람이 너희가 내 제자인 줄 알리라(요 13 : 34-35)"

"네 이웃을 네 몸과 같이 사랑하라(레 19:18)"라는 율법적인 옛 계명 앞에서 무력하기만 했던 우리 인간은 그리스도의 피로 산 십자가의 능력 앞에서 그분의 아가페적 사랑을 담아 옮길 수 있는 그릇이 되는 놀라운 변신을 하게 된 것이다. 사도 바울은 십자가 안에서 차별 없이 회복된 인간관계를 다음과 같이 기술하고 있다. "그는 우리의 화평이신지라 둘로 하나를 만드사 중간에 막힌 담을 허시고 원수 된 것 곧 의문에 속한 계명의 율법을 자기 육체로 폐하셨으니 이는 이 둘로 자기 안에서 한 새사람을 지어 화평하게 하시고(엡 2:14~15)"

일단 회복된 인간관계는 그리스도인끼리의 서로 사랑에서 더 높은 차원으로 발전하게 된다. 악인과 의인에게 햇빛을 고루 비추이는 하나님의 무한한 사랑에 대하여 예수께서는 "너희 원수를 사랑하며 너희를 핍박하는 자를 위하여 기도하라(마 5:44)"라는 역설적 어조로써 이웃 사랑의 영역이 결코 제한되어 있지 않음을 가르치고 계시다. 여기에서 우리는 이웃에 대한 사랑과 관심을 전혀 도외시한 채 공학적 목적지상주의 및 진보주의적 개념하에 펼쳐지는 인간성 유린, 인간성 파괴 및 소외의식을 불러일으키는 모든 공학적 행위를 단호히 배격해야만 하는 근거를 발견하게 된다.

문화명령 수임자로서의 공학인: 셋째, 인간과 인간 사이의 관계를 회복한 우리의 눈길은 함께 고통받고 함께 탄식하고 있는 다른 피조계로도 집중되어야 한다.

'땅에 충만하라 땅을 정복하라…모든 생물을 다스리라'고 기록된 창세기 1장 28절의 문화명령 (Cultural Mandate)은 하나님의 형상대로 창조된 인간에게 곧바로 주어진 최초의 명령이요 한편으로는 하나님 나라의 완성에 이르기까지 계속 이어져야 할 마지막 명령이기도 하다. 그러나 인간의 타락으로 인해 땅이 저주를 받고 가시덤불과 엉겅퀴를 내기 시작한 이후로 인간은 실질적으로 자연과 대립관계를 이루면서 왜곡된 문화를 형성해 왔다. 그리하여 과학기술 및 공학적 개념을 앞세워 자신의 이익만을 추구하는 인간의 헛된 지혜는 가꾸고 돌보아야 할 자연을 무참히 짓밟아 스스로의 멸망을 자초하기에 이르렀다. 과학혁명 이후, 자연을 무너뜨려야 할 정복의 대상으로만 잘못 파악했던 많은 진보주의적 기독인과 신학자들에 의해 인간과 자연과의 갈등이 심화되어 온 것 또한 사실이다.[4,10,15] 그러나, 그들은 문화명령이 인간의 타락 이전에 주어진 원초 명령이었다는 사실을 간과하고 있으며, 실제로 문제를 야기한 것은 인간과 하나님과의 대립 상황일 뿐 인간과 자연과의 대립은 그 그림자에 지나지 않는다는 점에서 그들은 핵심을 놓치고 있는 것이다. 이제, 문화명령에 대한 새로운 해석과 각성이 활발히 이루어지고 있는 가운데 모든 관계 회복의 주역이신 예수 그리스도의 구속 사역으로 말미암아 하나님의 자녀들이라 일컬음을 받게 된 우리에게는 하나님이 우리에게 맡기신 자연을 다시 돌이켜 순리대로 경작하고 돌보아야 할 의무가 있다.[10,16] 이에 대해 사도 바울은 피조물들은 하나님의 아들들이 나타나기만을 고대하고 있으며(롬 8:19) 썩어짐의 종노릇에서 해방되어 하나님의 자녀들의 영광의 자유에 이르기를 바라고 있다고(롬 8:21) 기록한다. 여기서 우리는 무분별한 자연 개발 무계획적인 자원 이용, 환경오염, 성층권 파괴 등과 같이 자연 위에 군림하여 온갖 착취를 다하는 악한 청지기의 역할로서의 공학인의 모든 행위에 의식적으로 참여 또는 가담하는 것을 단호히 거부해야만 하는 근거를 발견하게 된다.

지상명령 수임자로서의 공학인: 넷째, 그리스도의 중재로 인한 모든 관계회복에 앞장서서 나아가야 하는 공학인은 이제 새로운 각도로서 다른 모든 그리스도인과 함께 지상명령(Great Commission)의 수임자임을 또한 자각해야 한다. "너희는 가서 모든 족속을 제자로 삼아 아버지와 아들과 성령의 이름으로 세례를 주고 내가 너희에게 분부한 모든 것을 가르쳐 지키게 하라. 볼지어다, 내가 세상 끝날까지 너희와 항상 함께 있으리라(마 28:19~20)" 하신 예수의 말씀대로 우리는 기독교적 세계관에 입각한 신앙의 단단한 돌베개를 메고 공학적 기술과 기능을 지닌 채 그분이 부르시는 곳이면 어디든 달려갈 수 있는 준비된 마음을 가져야 할 것이다. 특히, 세계 곳곳에서 전문 선교사의 입국과 활동이 점점 제한받고 있는 현시점에 비추어 볼 때 선교적 관점에서 자비량 선교사 또는 Tentmaker로서의 공학인의 역할과 임무가 증대하리라 여겨진다.

문화의 개혁자로서의 공학인: 마지막으로, 이와 같이 언약과 계명과 명령에 기초한 바른 믿음과 세계관을 견지한 공학인들이 하나님의 일을 자신이 속한 전공분야와 직업과 사회 속에서 이루어 나갈 때 놓쳐서는 안 될 행동규범이 있다. 이미 지적한 바와 같이 인간이 형성해 온 모든 문화에는 타락으로 인한 인간 본성의 부패 요소가 깊이 물들어 있고, 그와 같은 부패 문화를 창출해 내는 데 공학이 가장 앞장서 왔다는 것은 주지의 사실이다. 하지만 한편으로는 우리 인간은 주어진 문화적 상황 속에서 살아가지 않으면 안 되는 존재이며, 오히려 그 부패한 문화 속으로 뛰어들어가서 사회의 빛과 소금이 되라는 예수님의 지상 명령을 상기해 볼 때 기존의 모든 문화적 요소를 거부하는 반문화(反文化)적 입장에서 분리주의적인 생활을 하도록 권유받아서는 안 된다. 또한, 다른 한편으로는 우리가 속한 사회의 부패문화를 일소에 바꾸겠다는 욕심을 앞세워 역문화(逆文化) 운동의 기수가 된다면, 과거의 많은 혁명적 진보주의자들이 가졌던 인본주의적 이상향에 대한 환상에 빠지는 오류를 다시 범하게 될 것이다. 따라서 우리는 하나님의 창조 질서를 해치는 반그리스도적인 모든 공학 활동을 분별하여 그것을 계획하며 연구, 개발, 생산하는 일체의 행위에(비록 그것이 세상의 물질적 이익을 아무리 가져다준

다 할지라도) 단호히 참여치 않는 영적 시각을 지닌 채 부패한 문화적 요소를 개량하고 수정하고 치유하는 일에는 능동적으로 나서야 하지만 기존의 문화를 물리적으로 타파하려는 어떤 종류의 혁명적 행동주의에 동조해서도 안 된다. 그것은 혁명가가 아니라 병들고 부패한 세상의 치유자요 개혁자로 오신 그리스도 예수의 길을 따르는 것이요, 비록 온전치 못한 세상이라 할지라도 심판과 멸망의 날까지 보존하시며 오래 참으사 아무도 멸망치 않고 다 회개하기에 이르기를 원하시는 하나님의 사랑을 드러내 보이는 길이기도 하다. 따라서 문화적 주체로서의 공학인은 하나님 사랑과 이웃 사랑의 두 계명을 안고 '땅끝까지 하나님 나라의 비밀을 전하여 주님 오시는 날을 앞당기라' 하는 지상명령과 '병들고 부패한 문화적 상황과 자연환경을 개선하고 치유하는 문화의 변혁자로서 주님 오시는 날까지 세상을 보존하라' 하는 문화명령 사이의 동적 긴장(動的 緊張) 속에서 살아가야 하는 것이다.

맺음말

21세기 초반의 알파고와 이세돌의 격돌은 20세기 중반 스푸트니크호 발사만큼이나 충격을 안겨주었던 사건이다.[17] 뒤이어 몰아닥친 코로나 팬데믹의 여파로 디지털 지구가 떠오르면서, 바야흐로 ABCD(AI와 Block-chain, Cloud-computing과 big-Data)가 지배하는 세상이 되었다. 실생활 속에서 메타버스가 유니버스를 넘보기 시작하였다.[18] 탈중앙화 블록체인 기술이 금융 생태계를 근본적으로 뒤흔들면서 이(利)를 추구하는 공학이라는 학문에 도전장을 던지고 있다.[19] 클라우드 컴퓨팅과 빅데이터는 전 세계에 흩어진 정보를 망으로 연결하여 재가공하며 중앙집권적 통제를 시도하고 있다. 이제 21세기 공학은 단순히 공학 그 자체로 성립하는 것이 아니라, 그 안에 감추어진 철학과 인문학적 함의에 의해 재정의되고 있다. 그래서 크리스천 공학도들에게는 기독교적이고 성경적인 해석이 더 중요해진 것이다.

많은 경우에 기독 공학인들은 자신이 알든 모르든 하나님의 창조 질서에 역행하는 연구 프로젝트에 관여하고 있다. 때로는 밀려오는 세속주의 세계관의 거센 파도에 대한 역부족에서, 때로는 자신의 연구 결과가 가져다주는 사태의 심각성을 미처 깨닫지 못하는 편의주의적 타성에 기인하기도 한다. 그러나 보다 근본적인 이유는 진화론적 세계관에 입각한 교육만을 받아온 기독 학도들이 자신의 전공 분야나 연구 주제의 선정 과정에서 기독교적 세계관에 의한 깊은 통찰 없이 인생의 세속적 비전에 자신을 맞닥뜨리고 있기 때문이다. 그리하여 직업과 전공분야가 가져다주는 삶의 테두리의 한가운데에 깊이 들어간 연후에야 뒤늦게, 자신이 생산해 내고 있는 연구결과가 인간과 자연의 파괴를 향해 쓰이며 하나님의 섭리에 도전하는 사탄의 세력에 이용당하고 있다는 사실을 발견하고는 깊은 회의에 빠지게 되는 것이다. 서두에서 밝힌 바와 같이, 다수의 학생들이 융복합적인 공학도가 되기를 희망하고 있는 현 시대의 추세에서 기독교적 세계관에 의한 조기 교육의 조기 실현은 진학 지도뿐만 아니라 그리스도인의 올바른 직업관의 확립을 위해서도 필수적 과제이다. 본질적으로 손에 만져지는 利를 좇는 학문의 특성상, 공학만큼 시류에 민감한 분야도 드물다. 그러나 기독교적 세계관 속에서 바르게 양육된 학생이라면 다만 시류를 좇지 아니하고, 오히려 이웃과 자연을 사랑하고 보호하려는 시각에서 삶을 설계하며 하나님의 영광을 바라보는 영적인 분별력을 갖게 될 것이며 훗날 그것이 지혜로운 자를 낮추시고 우둔한 자를 높이 세워 쓰시는 하나님의 공학적 비법임을 발견하게 될 것이다. 그리하여, 그리스도 안에서 재창조(구속)된 기독 공학인들이 하나님의 창조 질서를 회복시키기 위한 문화적 주체로서 바로 세워질 때, 세상이 마른 뼈에 생기를 불어넣어 살리시는 생명공학의 참 주인으로서의 하나님을 목도할 날이 앞당겨질 것이다.

註

1. 김재영 編著, 「직업과 소명」, 한국기독학생회 출판부(IVP), 1989.
2. B. Goudzwaard, 「자본주의와 진보사상」 (1978), 한국기독학생회 출판부(IVP), 김병연, 정세열 옮김, 1989.
3. D. Kidner, Genesis; An introduction and Commentary, IVP, The Tyndale Press, 1967.
4. H. R. Niebuhr, Christ and Culture, The Christian literature Society, 김재준 譯, 1958.
5. A.W. Tozer, The Knowledge of the Holy, Harper & Row, 1961.
6. B. Goudzwaard, Idols of Our Times, IVP, 1981, 「현대, 우상, 이데올로기」, 김재영 譯, 1987.
7. E. Schuurman, Christians in Babel, 김중락, 최광호, 박광덕, 양승훈 공역(共譯) 기독교대학설립동역회 출판부(CUP), 1989.
8. J. Ellul, A Theological Reflection on Nuclear Development, in Waging Peace, J. Wallis(ed.), Sojourners, 1982.
9. 역사적으로 농업혁명에 의한 도시화가 만들어낸 소외현상을 1차 소외라고 한다면, 산업혁명에 의한 기계화와 공장의 자동화, 분업화가 만들어낸 소외를 2차 소외라 할 수 있다. 그러나 21세기 디지털 혁명은 전 인류를 네트워크에 접속시키며 디지털 세상에서 모든 일을 처리함으로써 전통적 가족과 이웃과의 대화를 단절시키고 고립시키는 3차소외를 가져왔다.
10. F. A. Schaeffer, Pollution and The Death of Man, Tyndale House Publisher, 1970, 「공해」, 송준인 譯, 두란노서원, 11990.
11. D. M. Mackay 는 그의 저서 The clockwork lmage (IVP, 1974, 「기독교인은 과학을 어떻게 볼 것인가?」, 곽종운 譯, 서울서적, 1984.)에서, 구성 요소의 부분적 현상으로 전체의 존재를 환원하여 설명하고자 하는 논리적 오류를 지엽말단주의 혹은 존재론적 환원주의라 부르면서 진화론을 비롯한 현대의 과학적 사고 방식의 특징으로 들고 있다.
12. B. J. Walsh, J. R. Midd1eton, The Transforming Vision, IVP, 1984, 「그리스도인의 비전」, 황영철 譯, 1987. 저자들은 환원주의를 단순한 이론적 오류가 아니라 궁극적인 우상숭배라고 지적한다.
13. P. Marshall,「현대 기술, 우상인가? 하나님의 선물인가?」, 기독교대학설립동역회 출판부(CUP), 1989. Marshal은 우리가 처한 기술적 환경이 우리의 기술적 행위의 선택성을 제한할 수 있음을 지적함으로써, 기술이 자기 방향성을 지니고 있으며 단순히 가치중립적이지 않음을 주장한다.
14. 정진호, <떡의 전쟁> (홍성사, 2005)
15. 이정배 編著, 「생태학과 신학」, 종로서적, 1989.
16. 김정욱, 환경을 지켜야 할 그리스도인, 기독교대학설립동역회 출판부(CUP), 1989.

17. 김대식, 「인간 vs. 기계」, 동아시아 (2016).
18. 김상균, 「메타버스, 디지탈지구 뜨는 것들의 세상」, 플랜비디자인, 2020.
19. P. Filippi, A. Wright 「블록체인 시대의 법과 제도, 코드가 지배하는 세상이 온다」, 미래의 창, 2020.

2장

재료공학자가 조망한 21세기 문명사[1]
- 철과 흙-

<그림 3> 거대한 신상

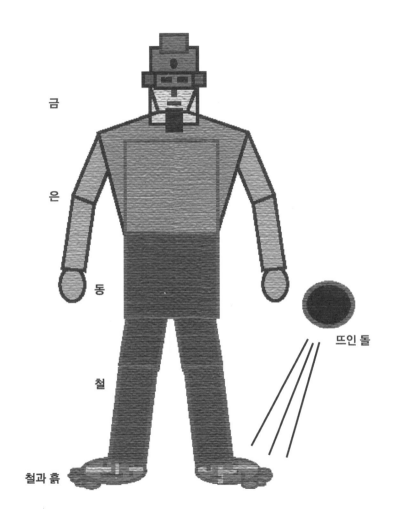

금

은

동

철

철과 흙

뜨인 돌

21세기 공학과 기독교 인문학이 만날 때

다니엘의 환상

지금부터 약 2,600년 전 그 당시 지중해 연안의 문명 사회의 패권을 장악했던 나라는 신 바벨론 제국이었다. 지금으로 말하면 이라크에 해당하는 나라다. 바벨탑을 건설하다가 사막 가운데 사라졌던 고대 바벨로니아 제국의 영화를 다시 회복하겠다고 등장한 나라이다. 제국을 건설하고 힘으로 주변 나라들을 다스리던 왕의 이름은 느부갓네살(Nebuchadnezzar)이었다.[2] 그의 통치 정책은 독특하여 인근 국가를 정복한 후 반드시 그 나라의 젊은 인재들을 포로로 사로잡아왔다. 그리고, 그들에게 새 이름을 주고 궁중에서 고급 의복과 음식으로 대접하며 바벨론 식으로 교육했다. 그는 젊은 두뇌들(young brains)의 잠재력과 가치를 알고 있는 현명한 통치자였다.[3]

어느 날 느부갓네살 왕이 아주 이상한 꿈을 꾼다. 그런데 그 꿈으로 인하여 느부갓네살 왕은 번민에 빠지게 된다. 꿈에서 보았던 환상이 그로 하여금 심한 공포감에 빠지게 하였는지, 혹은 두려운 꿈을 꾸었으나 깨고 나니 도무지 그 내용이 잘 생각이 나지 않았는지 알 수 없지만 그는 그의 신하들에게 아주 엉뚱한 요구를 하게 된다. 나라에 있는 모든 점쟁이와 박사[4]들을 다 불러 자신이 무슨 꿈을 꾸었는지 알아맞히도록 하고, 그 꿈을 해석하라는 엄명을 내린 것이다. 꿈에 의해 신경이 곤두서고 난폭해진 왕은 만일 꿈 해석을 못할 시에는 그들은 모두 죽임을 당할 것이라고 선언하였다.[5]

그때, 젊은 박사들 가운데 마침 유다 왕국[6]이 멸망한 후에 사로잡혀 온 다니엘이라는 젊은이가 있었다. 그가 나서서 왕에게 하루의 여유를 간청한다. 그날 밤 다니엘은 왕이 보았던 그 꿈을 보게 되고, 더불어 그 내용에 대한 환상(vision)을 깨닫게 된다. 그리고 다음날 왕 앞에 나서서 그 꿈을 해석하였던 것이다.

다니엘의 환상의 내용은 이러하였다.

느부갓네살 왕이 꾼 꿈은 거대한 신상(great image)
이었다. 그런데, 그 신상은 신체 부위에 따라 재료(材
料, materials)가 크게 다섯으로 나뉘어 있었다. 머리는
순금(fine gold)으로, 가슴과 팔은 은(silver)으로 배와
넓적다리는 놋(bronze)으로, 종아리는 철(iron)로, 그
리고 마지막 발과 발가락은 철과 흙(iron and clay)으
로 뒤섞여 있었던 것이다. 왕이 그 신상의 위세에 놀
라 바라보고 있을 때, 갑자기 공중에서 큰 돌이 하나
떠오르더니 신상의 철과 흙으로 된 발을 내리치자,
신상 전체가 가루와 같이 산산조각이 나고 말았다.
마치 타작마당의 겨가 바람에 휩쓸려 날아가듯 사라
져 버린 것이다. 그리고 온 세계에는 우상을 친 돌이
태산을 이루며 가득 채워지게 된다. 이렇게 꿈은 끝
을 맺는다.
　다니엘은 그 신상의 장면을 해몽하며, 그 시대적
상황에서 장차 다가올 세상에 대한 예언을 한다. 현

재, 순금의 영화를 누리고 있는 바벨론 제국으로부터 점차 그보다 못한 제국들이 나타나서 세계를 다스리게 될 것이요, 마침내 철과 같이 단단한 나라가 나타나 무수한 나라를 부숴뜨리고 빻을 것이라는 것이다. 다니엘의 이 예언을 두고 역사학자들이 일컬어 은의 제국은 바벨론 제국 후에 나타난 페르시아 제국이요, 놋의 나라는 알렉산더 대왕에 의해 제패되었던 마케도니아 왕국이요, 철의 나라가 바로 로마 제국이라고 해석하기도 한다. 철기 문명으로 세계를 제패하였던 로마 제국이 발흥하였던 이후로 어쩌면 세계 역사는 철로 상징되는 힘의 논리를 앞세우며 팩스 로마나(Pax Romana)에서 팩스 아메리카나(Pax Americana)까지 이어지는 철기 시대의 흐름을 이어왔는지도 모른다.

나는 재료공학(materials engineering)을 전공한 사람의 입장에서 다니엘의 환상을 흥미롭게 바라보았다. 여러 가지 재료로 구분되어 나타난 인류의 역사?

그들의 의미는 무엇인가? 황금의 머리에서 시작하여 철과 흙의 발로 내려와 끝나는 역사..., 특별히 금, 은, 구리, 철로 나타내 진 금속의 순열은 매우 독특한 의미를 시사하고 있다. 이 순서는 외적으로는 금속이 점점 강해지는 순서이기도 하지만 그 가치(value)는 점차 하락하는 순서로 나타나 있다. 인간이 만들어낸 물질과 기계문명에 의해 세계 역사는 표면적으로는 점점 더 강성해지고 단단해지지만 그 내면의 정신적 가치는 점차 하락하고 있는 현대의 모습을 반영하고 있는 것은 아닌가? 과연 역사는 이같이 퇴보하여 종말을 향해 치닫고 있는 것인가?

그렇다면 철과 흙으로 된 발과 발가락은 무엇을 뜻하는가?

철과 흙으로 이루어진 발바닥이 인류 역사의 마지막 부분을 상징한다면, 바야흐로 우리는 그곳을 향해 진입하고 있는 것인가? 어째서 그곳은 유독 철과 흙이 섞여 있어야만 하는가?

온 세계가 정보화 사회의 열기로 들끓고 ICT와 플랫폼 산업의 벤처 창업 열풍이 지구촌을 강타하고 있는 요즈음, 크리스천들은 어떤 시각으로 21세기 문명을 조망해야만 하는가?

이 글은 새천년을 여는 21세기를 맞이하여 이 흥미로운 화두(話頭)를 풀기 위해 쓰였다.

순금(Pure Gold) : 황금 머리

역사는 진보하는가? 아니면 퇴보하는가?

이 논쟁은 진부하다. 그리고 끝이 없다. 그 이유는 역사 자체가 지닌 양면성에 있다. 인간이 경험하는 역사는 항상 과거의 실패와 모순을 극복하는 과정에서 비슷한 양상을 띠며 끝없이 순환하는 모습으로 나타나므로 보는 시각에 따라 또는 처한 환경과 시대에 따라 때로는 퇴보하는 것처럼, 더러는 진보하는 것처럼 보일 수 있기 때문이다.

그러나 인간은 역사의 어느 한 모퉁이 어느 한 순간에도 시대적 모순에서 완전히 벗어나 본 일이 없다. 전쟁과 기근, 끝없이 지속되는 자연 재해, 그리고 사회적 모순과 폭력, 독재와 압정에 시달리며 역사는 흘러왔다. 물질이 풍요해지면 반드시 도덕적 타락과 정신적 기근이 뒤따라왔다. 한 시대 속에서도 항상 구르는 눈덩이처럼 더 커지는 문제들을 직면하며 살아야만 했던 것이다. 그래서 사람들은 과거의 향수에 빠져드는 경향들이 있는지도 모르겠다. 과거를 회상해보면 그래도 지나온 날들이 더 좋았더라고 생각될 때가 많은 것이다.

동서양을 막론하고 선사시대로부터 내려오는 신화와 전설에 의하면 아주 아득한 옛날에는 성군에 의해 다스려지던 공평한 사회가 존재했었다는 기억들을 공유하고 있는 듯하다. 성경에 나타나는 에덴동산의 이야기가 아니더라도, 임금이 필요 없는 태평성대를 구가했다는 요순 시대[7]가 중국에 있었고, 그리스 신화에도 최초의 황금의 시절[8]이 존재했다는 것을 말해주고 있다. 이것을 통칭하여 "에덴의 추억"이라고 부르자. 분명 오랜 옛날에 지상 낙원과 같은 곳이 있었다는 것이다.

어찌되었건 인간들의 마음속에는 에덴으로 다시 돌아가고 싶은 본능적 기대 욕구가 있는 것만은 사실이다. 현세의 불완전성이 사라지고 완전한 공의로 다스려지는 사회를 머릿속에 그리면서 그것들을 개념화해 온 것이다. 그것이 더러는 종교적 신앙이나 내세적 민중 운동으로 분출되기도 하였고, 더러는 철학적 사유에 의해서 표현되기도 했다. 조선 후기의 민간 신앙의 형태로 퍼져갔던 남조선신앙(南朝鮮信仰)[9]이나 중국의 화서국(華胥國)·봉래도(蓬萊島), 인도의 희견성(喜見城), 도교의 상청옥경(上淸玉京), 불교의 안양정토(安養淨土)도 동일한 맥락에서 이해할 수 있다. 희랍의 철학자 플라톤은 그것을 현상계(現象界)의 불완전성에 대비되는 개념으로 완전한 이데아의 세계라고 불렀다.[10]

그렇다면, 이와 같은 민간 신앙이나 전설의 편린들은 태초의 완전성을 경험했던 사람들의 무의식 속에 잔류하고 있는 에덴으로 돌아가기를 희구하는 열망이 인간의 역사 속에서 분출되어온 단면들은 아닐지? 신상에서 나타난 <황금 머리>는 분명 현존의 세계가 태초의 완전성에서 크게 퇴보한 것임을 암시하고 있다.

그럼에도 불구하고 우리는 일반적으로 인간의 역사는 역경과 시련을 극복해가며 끊임없이 진보해 가고 있다는 것을 저항 없이 받아들이며 믿어오고 있는 것은 어떤 이유인가?

신상으로 돌아가 보자.

순금(pure gold)으로 만들어진 머리... 그 의미는?

동서고금을 막론하고 금은 값진 것, 귀한 것, 부요한 것을 나타내는 상징이다. 하물며 순금은 가장 값진 것이며 또한 정결한 것을 나타낸다. 모름지기 머리는 온 몸을 이끌어 가는 사령탑이다. 그 속에서 모든 행동이 분출되어 나온다. 순금과 같이 순결한 모습으로 만들어진 머리가 있었다면... 그렇다면 얼마나 아름다운 행동으로 이끌어 갔을까? 황금 머리에 의해 만들어지는 역사는 아름다웠을 것이다.

에덴동산을 지구상에 실존하였던 그 어떤 곳으로 보든지... 아니면 피안(彼岸)의 세계를 그리기 위한 또 하나의 가상공간으로 보든지... 아무튼 좋다. 역사의 시작이 그와 같이 아름다운 모습이었다고 가정해 보자. 에덴동산에는 온통 순금과 같은 보석으로 가득 차 있었다. 이것은 에덴의 아름다움을 표현하기 위한 은유임에 분명하다. 그만큼 완벽하게 아름다운 곳이었다는 뜻이다. 그 속에서 완전한 모습으로 창조된 두 남녀에 의해 펼쳐지는 아름다운 사랑 이야기... 역사가 그렇게만 될 수 있었다면... 설사 에덴 이야기가 후세 사람들에 의해 만들어진 간절한 바람일지라도 말이다. 아무튼 그 가상공간으로 한번 들어가 보자.
가장 사람이 살기 좋게 설계된 자연 환경 속에서

벌거벗고도 부끄러움을 몰랐던 최초의 인간... 아담과 하와가 있었다. 왜 그들은 벌거벗고도 부끄럽지 않았을까? 아니, 왜 인간은 벌거벗으면 부끄러워하는 것일까? 왜 인간만이 옷을 입고 살아가는 존재일까? 모두 비슷한 질문이다.

부끄러움은 존재의 불완전성을 나타내는 한 단면이다. 그러하기에 옷은 도덕적으로 격하된 존재의 열등의식을 가리고자 하는 도덕적 표현이다. 반대로 에덴동산의 아담과 하와의 벌거벗음은 두 사람의 완전한 관계성을 나타내고 있다. 그들에게는 가릴 만한 그 무엇도 존재하지 않았던 것이다. 그들은 서로를 투명하게 들여다보며 살아가는 존재였다. 결국 에덴동산에서의 아담과 하와는 도덕적으로 완전성을 유지하고 있었다는 말이다. 그렇다면, 도덕적 완전성이란...? 도대체 무슨 의미인가?

그들이 살고 있던 동산 중앙에는 특별한 한 그루의 나무가 있었다. 동산의 모든 실과는 마음대로 따 먹을 수 있도록 되어 있었지만 유독 그 나무의 열매만은 금지되어 있었다. 이름하여, 선악을 알게 하는 나무(the tree of knowledge of good and evil)... 선악과(善惡果)였다.

자... 선악과 이야기만큼, 성경을 믿는 자들에게나 혹은 믿지 않는 자들에게 회자(膾炙)되며 제각기 해석되고 더러는 공격을 당해온 이야기도 드물 것이다. 많은 문학 작품의 소재가 되기도 하였고, 철학자들과 신학자들에게 인간의 본질을 논하기 위한 학문적 주제로서 일련의 통찰을 제공하기도 하였다. 분명 선악과 이야기는 인간이 지닌 선과 악의 양면성을 설명하기 위한 중요한 은유임에 틀림없다.

인간이 지닌 선한 속성은 타인의 생명을 구하기 위해 자기 목숨을 던지기에 이르기도 한다. 그러나, 인간이 악해지기 시작하면 오히려 금수가 행하지 못하는 마귀적 행동이 나오기도 하는 것이다. 깡패 집단이 동료를 죽인 후, 토막을 내고 그의 내장을 파서 나누어 먹은 후 매장했다는 엽기적 뉴스를 접하고 인간의 악함에 새삼 놀라지 않는 사람도 드물 것이다.

그뿐인가? 지난 세기를 붉게 물들였던 수많은 전쟁과 수용소 군도에서 벌어졌던 그 참혹한 역사의 다큐멘터리들을 우리는 물증으로 가지고 있다. 마약과 매춘이 행해지는 사회의 어두운 뒷골목에서, 매일 밤 벌어지고 있는 차마 눈뜨고 볼 수 없는 행위들은 어떠한가?

그런데, 아담과 하와는 그렇지 않았단 말인가? 그들은 한 점 부끄러운 얼룩도 없이 완전한 존재로 남아있었단 말인가? 그렇다면, 도덕적 완전성... 그것의 기준은 무엇인가?

2차 대전 당시 나치 독일에 항거하여 비교적(?) 부끄러움 없는 삶을 살다가 옥사(獄死)한 독일의 신학자 본훼퍼는 그의 중요한 저서 <윤리학(Ethics)>에서 완전한 도덕의 기준을 가장 간단명료하게 제시하고 있다.[11] 불완전한 인간에 의해 제시되는 어떤 기준도 완전성에 이를 수 없기에, 도덕의 기준은 완전한 신에 의해서만 제시될 수 있다는 것이다. 무슨 말인가? 즉,

완전한 신이 존재한다면 바로 그 신이 원하는 것이 선이요, 그 신이 원치 않는 것이 악이라는 것이다. 인간에게는 신이 원하는 것을 행하는 것이 곧 선이요, 신이 원하지 않는 것을 행하는 것이 곧 악이라는 것이다.

선악과... 그것은 신의 뜻을 알리고 인간의 반응을 기다리는 시금석이었다. 선악과가 상큼한 사과이었는지 신 포도였는지 그것은 중요하지 않다. 그것이 특별한 성분을 지닌 과일이어서 먹는 순간 신기한 반응이 일어나서 선악에 대해 무지했던 아담과 하와의 눈을 일깨움으로 선과 악을 알게 한 것은 더욱 아니다.

완전한 신은 그의 형상(the image of God)대로 지음받은 인간이 도덕적으로 완전하기를 바랐다. 그래서, 그들이 신의 뜻대로 살아가는 존재가 되기를 원하여 선악과의 화두(話頭)를 던진 것이다.

"동산 안에 있는 모든 실과는 자유로이 먹을 수 있

으나, 선악을 알게 하는 나무의 실과는 먹어서는 안 된다. 만일 그것을 먹는 날에는 너희가 반드시 죽을 것이다." 그것이 하나님의 뜻이었다.

도덕적으로 완전한 존재로 지음받은 인간... 여기에는 적어도 두 가지 함의(含意)가 들어 있다. 첫째, 그는 신과의 완전한 관계성을 유지하고 있어야 한다. 둘째, 그 관계성을 유지하기 위한 선택에서 자유로워야 한다.

선택의 자유가 없는 존재는 도덕적으로 아무런 책임이 없다. 다시 말하면, 도덕적인 존재가 될 수 없다는 것이다. 책임(responsibility)이라는 단어 자체가 도덕적 요구에 어떻게 반응(response)하는가 하는 능력(ability)을 나타내는 말이다. 아담과 하와가 도덕적 존재였다는 것은, 그들에게는 신의 도덕적 요구조건을 지킬 수도 혹은 어길 수도 있는... 즉, 선악과를 따먹을 수도 혹은 따먹지 않을 수도 있는 완전한 자유가 주어진 존재였다는 의미이다.

그러나, 신의 뜻은 그들이 선악과를 따먹지 않는 것이었다. 왜? 그들이 도덕적 완전성을 지니고 살아가기를 바랐기 때문에... 즉, 신의 뜻에 순종하는 삶을 살아가는 것이 그들의 완전한 도덕을 유지하는 길이라는 것을 알고 있었기 때문이었다. 그러하기에 신이 인간들에게 가장 원하는 것이 바로 순종의 삶이었다면, 황금 머리의 재료인 금이라는 금속이 그것을 잘 나타내고 있다. 가장 잘 늘어나고 펴지는 금의 성질이 순종적 성질을 상징적으로 나타내고 있다고 볼 수 있다. 금은 얇게 펴서 두께 0.00001cm의 금박(金箔)을 만들 수 있고, 1g의 금으로 약 3,000m의 금실을 뽑을 수 있다. 다시 말해, 금은 가장 순종적인 금속인 것이다.

선악과는 그 자체가 아담과 하와에게는 선과 악의 갈림길을 알려주는 이정표였다. 그 갈림길에서 그들은 불순종의 길을 택했다. 하나님이 원하는 길보다는 자신의 길, 인간의 길, 악마가 유혹하는 길..., 결국은 죽음의 길을 택했던 것이다.

그 순간..., 황금 머리는 하얗게 빛을 바랬다. 그리고 신과의 완전했던 관계성은 깨지고 말았다. 그들은 완전성으로부터 도덕적으로 격하(degradation)되었다. 그리고 그들을 감싸고 있던 찬란한 도덕적 투명성은 사라졌다. 그 순간, 그들의 눈은 밝아지고(?) 벌거벗은 육체를 부끄러워하기 시작했다. 완전한 사랑 이야기도 끝이 나고 말았다. 모든 관계가 깨어지기 시작했다. 분리와 다툼과 책임전가와... 그리고 죽음을 향한 긴 여로를 내딛게 된 것이다.

그렇게 불완전한 역사는 시작되었다.

은(Silver) : 가슴과 팔

금(gold)..., 샛노란 황금..., "금속의 왕" 또는 "왕의 금속"이라고 불리던 이 물질..., 앞서서 우리는 금을 완전성의 상징으로 바라보았다. 그러나, 인간의 역사 속에서 금은 독특한 이중적 역할을 해왔다. 부요와 아름다움의 상징으로서 무한한 동경의 대상이었던 동시에, 황금에 눈 먼 인간들을 끝없는 파멸의 나락으로 빠뜨려온 유혹의 대상이기도 했다.

모든 물질적 부요의 상징으로서 금송아지 또는 금신상을 만들어 그 앞에 엎드려 절하였던 고대인들에게 우상으로 화하여 종종 나타나기도 하였다. 그리스 신화에 등장하는 마이다스 왕[12]의 어리석음을 생각해 보면, 황금에 눈이 어두워 물신(物神)의 유혹에 빠져 헤매고 있는 황금만능주의의 세태는 고대나 현대나 별반 차이가 없었던 것 같다.

그렇다면 은은 어떤 금속인가?

은 역시 금과 더불어 귀금속의 상징처럼 여겨지고 높임을 받아온 것은 사실이다. 더구나 은은 금속의 물리적, 기계적 성질 면에서도 금과 비슷하여 부드럽고 전성(展性) 및 연성(延性)이 여전히 매우 크다.[13] 타락한 인간도 처음에는 별반 큰 차이가 없어 보인다. 여전히 그들은 하나님의 명령에 순종적이었고, 카인과 아벨도 하나님께 제사를 드리는 생활을 하고 있었다. 오히려 은의 열과 전기를 통하는 성질은 금보다도 더 좋은 면까지 가지고 있어서,[14] 마치 하나님의 보호막을 떠난 인간들의 삶의 모습이 자신을 스스로 보호하기 위하여 더욱 열정적이고 적극적이고 발 빠르게 움직이게 된 것과도 같다.

그러나 은이 금과 완전히 다른 것이 있다. 그 광채와 화학적 성질이다. 은이 아무리 빛날지라도 금과 견주어보면 곧 광채를 잃어버린다.[15] 찬란한 황금의 태양 빛 아래 싸늘하게 식어버린 달빛의 냉기를 느끼게 된다. 또한 금과 은은 본질적인 화학 조성이 다르기 때문에 중세의 연금술사들이 그토록 다른 금속들을 배합하여 금을 만들어 보려고 했지만 실패하고 말았던 것을 우리는 알고 있다. 본질적으로 금은 금이고 은은 은이기 때문이다. 마치 인간들이 역사 속에서 수많은 종교와 철학 윤리 사상으로 인간성의 회복을 꾀하고 이상국가와 철인 정치를 꿈꾸어 왔지만 실패하고 만 것처럼 연금술로는 금을 만들어 낼 수 없었던 것이다.

금에서의 은으로의 격하는 인간의 내면적 본성과 관계성에 치명적인 손상을 가져왔다. 특별히 가슴과 팔이 은으로 묘사되고 있다는 것에 주목해 보자. 타락 이후의 인간은 이웃을 사랑의 가슴으로 바라보고 서로의 필요를 도와주던 관계가 변질되어, 오히려 타인을 자신의 이기심을 채우기 위한 도구로 이용하게 된 것이다.

성경에서 인류 최초의 살인자로 묘사되고 있는 카인이 아벨을 죽이게 된 동기를 살펴보면, 결국 그가 자기 동생과의 비교의식 가운데 그의 가슴속에서 질투와 미움의 감정이 불같이 일어나면서 손을 들어 돌로 아벨을 쳐 죽인 것이다. 형제를 마음속에서 미워하는 자는 이미 살인자라고 말한 예수의 말을 빌리자면, 우리 모두의 손은 이미 핏자국으로 물들어 있는 살인자들인 셈이다.

즉, 금에서 은으로의 격하는 비슷하면서 약간 덜

귀한 금속으로 떨어진 것이 아니라, 이미 그 내면에서 생명의 본질을 잃어버린 엄청난 사건이었던 것이다.

살인자 카인의 후예들에 의해 펼쳐지는 문명사회의 비극들은 깨어진 신뢰 관계 속에서 극대화되어 나타나게 된다. 그들은 더 이상 타인을 신뢰할 수 없어 울타리와 성벽을 쌓게 되었으며, 언제 쳐들어올지 모르는 가상의 적들에 대항하기 위하여 무기를 만들기 시작한다.[16] 성경에 나타난 바에 의하면, 카인의 4대 손인 최초의 대장장이 두발가인(Tubal-Cain)에 이르러 이미 동과 철을 가지고 각종 기계를 만들었다고 써 있다. 이들은 자신의 신변 안전을 위해 곧바로 무기류를 제조하기 시작했으며,[17] 그의 아들 라멕(Lamech)은 자신을 해하려 하는 자에게는 칠십 칠 배의 보복을 가하겠다는 오만한 선언을 하기에 이른다. 결국 가공할 핵무기를 서로 쌓아놓고 자신만의 안전을 주장하는 냉전 논리는 다름 아닌 현대판 라메키즘(Lamechism)인 것이다.

그뿐만 아니라, 라멕은 두 아내를 둠으로써 중혼
(polygamy)을 인류 사회에 들여온 장본인으로 기록되
고 있다. 한 남자와 한 여자 사이의 투명한 신뢰 관계
속에서 이루어졌던 에덴에서의 아름다운 가정은 깨
어지고 말았다.

인간의 가치는 금(金)과 은(銀)에서 곧바로 동(銅)과
철(鐵)로 또 다시 떨어지게 된 것이다.

동(Brass/Bronze) : 배와 넓적다리

인간에게 가장 원초적인 두 가지 본능이 있다면 식욕
과 성욕일 것이다. 에덴에서 추방된 인간들이 만들어낸
문명 속에 이미 죄의 씨앗들이 배태되어 있었다면 그것
이 가장 원초적으로 나타난 것이 바로 물질에 대한 우상
숭배와 성적인 탐욕이라고 할 수 있다. 인간들은 끊임없
이 자신들의 배를 채우기 위해 서로 피 흘려 싸우며 투쟁
하는 역사를 만들어 왔다. 자신에게 돌아올 떡덩이를 위

해서 남을 해치는 일들을 서슴치 않았던 것이다.

청동(Bronze)은 구리에 주석을 섞어 만든 구리 합금으로 가장 오래 전부터 창칼이나 포신과 같은 무기류뿐 아니라 청동상과 동화(銅貨)의 제조에 사용되어 왔다. 구리에 아연을 섞어 만드는 황동(Brass)은 놋쇠라고도 하며 청동(Bronze)과 함께 중요한 구리합금이다. 자연합금의 형태로는 고대 그리스 때부터 인류와 친근했으며, 비철금속 중 가장 일상생활과 관계가 깊다. 아연의 양이 많아짐에 따라 경도(硬度)와 강도가 증가하고, 합금의 색도 구리의 붉은 기가 도는 색에서 황색에 접근해 간다.

1836년 C. J. 톰센이 문화사의 발달 과정을 석기시대-청동기시대-철기시대로 분류함으로써, 인간이 사용한 이기(利器)의 재료에 따라 구분하는 고고학상의 3시기 법을 제창한 이래, 오늘에 이르기까지 청동기시대의 설정에 반대하는 학자가 끊이지 않고 있다. 그 주된 반대 이유는 사회학적으로는 문화의 정도가

높으면서도 원료, 특히 주석(朱錫)이 없기 때문에 청동기시대에는 들지 못했던 사회가 얼마든지 있을 수 있기 때문에 일반사의 분류 과정으로는 적절치 못하다는 점이다. 야금학(冶金學)적인 관점에 있어서도 지표면 상에 훨씬 널리 분포하는 철의 사용 가능성이 더 높을 수 있으며, 그럼에도 불구하고 고고학적인 발견에서 철기 유물의 연대가 뒤떨어지는 이유는 철이 가지고 있는 강한 부식성에 의해 유물이 쉽게 유실되었을 가능성 또한 배제할 수 없다는 것이다.

오히려 청동기는 고대 국가의 여러 왕조에서 상류계층의 권위를 나타내는 여러 장신구들의 제작에 사용되면서 금속 공예로 발전되어 왔다. 고대 오리엔트의 우르 왕조나 바벨론 왕조에서는 BC 3000년경부터 이미 청동 공예품들이 제작되어 왔으며, 그들의 종교적 정치적 통치 기구를 강화하기 위한 우상(偶像)의 제조에도 큰 몫을 차지했던 것이다. 이집트 왕조에서는 BC 2000년경 고대 제12대 왕조에서 청동기시대가 시작되었다고 보고 있으나 주석의 수입 곤란으로 오히려 동기와 철기가 더 많이 사용되었다. 중국에서도 은(殷)왕조 시대부터 청동기 시대가 시작되었다고 보고 있으며, 은허(殷墟)에서 많은 청동 제기(祭器)들이 출토되었다.

이 시기의 고대 근동 지방에 나타난 수많은 우상 중에서 풍요(豊饒)와 다산(多産)을 빌기 위해 만든 대표적인 우상들로서 이집트의 바알(Baal) 신이나 그리스의 아르테미스(Artemis) 여신이 있다. 이들은 인간의 탐욕이 빚어낸 물신(物神) 숭배의 전형이다. 물질 만능주의 시대를 살아가며 자신이 사들인 주식 시세에 자신의 모든 운명을 내걸고 그 앞에서 엎드려 절하고 있는 현대인들을 생각하면, 자신들이 만들어 놓은 우상을 숭배하며 그 신이 자신들에게 풍요를 가져다주기를 비는 어리석은 인간들의 모습은 고대나 현대나 별 차이가 없었던 것 같다. 이들 신을 숭배하는 신전에서는 종교적 주술 의식과 함께, 여 사제들이나 미동 등에 의한 매춘 행위가 동시에 이루어졌다고 한다. 자신의 생각과 마음 그리고 영혼을 우상 숭배에 내맡기는 일은 결국 몸을 더럽혀 섞는 육체의 간음 행위와 동일시할 수 있는 영적 간음행위라고 엄하게 경고하고 있는 성경의 가르침을 생각해 볼 때 충분히 이해가 간다.

결국 신상의 아랫배와 허벅지를 주석과 아연을 섞어 만든 청동으로 표현한 것은 인간이 매여 있는 가장 원초적인 죄의 결과인 탐심과 음욕을 향한 우상 숭배의 상징으로 파악될 수 있다.

철(Iron) : 종아리

철을 지배하는 나라가 세계를 지배한다는 말이 있다. 철기 문명을 앞세워 세계를 제패하였던 로마 제국 이후로 어쩌면 인류의 역사는 힘의 논리에 의해 다스려지는 철기 시대를 지속해 왔던 것 같다. 힘과 무력의 상징이기도 한 철에 의해 냉혹한 국제 관계가 형성되며 지배자와 피지배자의 종속 관계가 형성되었고, 그리고 그 힘의 평형이 다시 깨어질 때까지는 표면적인 평화(Pax) 시대를 구축할 수 있었던 것이다. 로마의 평화(Pax Romana)... 그 속에는 가혹한 압제 속에서 소리 없이 흐느끼는 피지배 계층들의 분노의 눈물이 흐르고 있었다. 산업혁명 이후로 해가 지지 않는 나라로 불리며 세계를 제패했던 대영제국의 영광도 그 내막을 자세히 살펴보면, 근대사에서 누구보다도 먼저 철을 장악했던 행운의 역사였다고도 볼 수 있는 것이다.

근대사에서 갑자기 서양이 동양을 제치고 역사의 전면에 부상한 사실에 대하여 과학사가들은 르네상스와 종교 개혁의 영향으로 서구의 지성이 깨어나면서 과학 혁명을 일으키게 된 것이 그 기폭제가 되었다는 점을 가장 큰 이유로 드는 데에 전혀 주저하지 않는다. 정신적 가치만을 상부 구조로 인정하며 중시하던 중세 스콜라 철학의 플라톤적 인식 틀이 무너지면서 비로소 노동 가치와 물질가치가 인정받게 되었고, 서구 사회는 과학혁명과 산업혁명의 거센 물결을 타게 되었던 것이다.

그러나, 과학혁명을 일으키는 데 앞장섰던 유럽의 여러 나라 가운데 오히려 후발 주자였던 영국이 어째서 가장 먼저 산업혁명을 일으키게 되었는가 하는 의문에는 여러 가지 해석이 있다. 유혈 혁명을 낳았던 프랑스에 비해 무혈 혁명으로 정치적 안정을 취할 수 있었던 사회적 배경 속에서, 하그리브스의 방적 기계의 발명(1767)과 제임스 와트의 증기기관의 발명(1769)이 도화선이 되었다고 주로 설명한다. 그러나, 그 이전에 다비(Darby) 부자(父子)에 의해 코크스를 사용한 근대적 의미의 용광로 제철법(1735)이 영국에서 가장 먼저 시작되었다는 사실을 간과해서는 안 된다. 이는 곧, 철의 대량 생산 체제의 확립을 의미하는 것이며, 그에 따른 최초의 철교(1779년)[18], 최초의 수도망(1788), 최초의 철선(1818), 최초의 철도(1825)와 같은 연쇄적인 기술 발전의 촉발을 가능케 했던 것이다. 다시 말해, 영국은 철의 대량 생산을 통해 산업 사회

〈그림 4〉 산업 사회의 인프라

산업 사회의 Infra-structure

〈Coalbrookdale의 최초의 철교〉

- **17세기 과학 혁명**
  - 18, 19세기 영국의 산업 혁명
- **18세기 영국의 3大 발명**
  - 용광로 에이브라함 다비 (1735)
  - 방적기계 제임스 하그리브스 (1767)
  - 증기기관 제임스 와트 (1769)
- **연쇄적인 기술 발전**
  - 산업사회의 인프라 구축
  - 최초의 철교(1779), 최초의 수도망(1788)
  - 최초의 철선(1818), 최초의 철도(1825)

를 이루기 위한 인프라스트럭처를 가장 먼저 구축할
수 있었던 것이다. 식민지에서 수탈한 원면을 가지고
방적기로 돌려 실을 뽑고 그것을 철도에 실어 운반하
며 철교를 건너 쉽게 강을 넘나들고, 항구에서 증기
기관으로 움직이는 철선으로 다시 세계를 누비는 대
영 제국의 산업 구조가 형성되었던 것이다.

역사를 보는 통상 두 가지 관점이 있다. 다니엘의
신상을 따라 내려가듯이 통시적(通時的, diachronic) 관
점에서 살펴보는 방법이 있고, 역사의 흐름 속에 나
타난 전체적 구조를 평면적으로 파악하여 그 관계성
을 연구하는 공시적(共時的, synchronic) 관점이 있다.
철의 역사를 공시적으로 이해하면 재미있는 현상을
발견하게 된다. 성경에 나타난 최초의 대장장이 두발
가인이 철을 다듬기 시작한 곳을 고대 근동의 우르
지방으로 추정한다면, 그 이후로 철의 중심지는 끊임
없이 서쪽을 향해 전진하며 세계를 한 바퀴 돌아오고
있는 것을 알 수 있다. 이는 마치 사도 바울이 마케도

니아의 환상을 본 이후로 세계 선교의 역사가 끝없는 서진(西進)을 계속하며 이제 동아시아로 그 중심을 옮겨온 모습과도 일치하고 있다. 다시 말해, 소아시아에서 유럽 대륙을 거쳐 영국으로 그리고 다시 대서양을 건너 미국으로 또 다시 태평양을 건너 일본으로 그리고 동해를 건너 한국으로 그리고 이제 황해를 건너 중국으로 들어가고 있는 것이다.[19] 영국의 British steel에서 미국의 US steel로 일본의 Nippon steel에서 한국의 포항제철(POSCO)로 철의 주도권이 흐르는 방향을 따라, 철을 주도하는 나라들이 경제적으로 부상하여 세계 역사의 전면에 떠오른 것은 결코 우연이 아니다. 결국 지난 2,000년 동안 세계 역사는 철의 강국을 중심으로 흘러온 힘의 역사였고, 그것이 인류의 표면적 물질문명을 일으키는데 결정적인 역할을 감당해 왔던 것이다.

산업혁명 시기의 철은 각종 대형 공장 건설을 통하여 원자재를 가공하여 부가가치를 창출하기 위해 반드시 필요한 골간(骨幹)을 제공 구축하게 하였다.

역사상 처음으로 물질의 구속으로부터의 해방감을 대중이 맛보도록 하였으며, 물질적 풍요에 의한 이상 사회 건설의 환상을 가져다 주었던 것이다. 그뿐만 아니라, 철강 산업과 더불어 함께 발전한 기계 공업은 인간을 육체노동의 구속으로부터 해방시키는 결과마저 가져왔다.

지금부터 120여 년 전.... 19세기 말에서 20세기로 인류 역사의 수레가 역동적으로 올라서던 시기에 서구 세계는 17세기 이후 자신들이 이룩해낸 과학기술의 혁명적 진보와 그에 따른 자신감으로 가득 차 있었다. 과학혁명에 의해 형성된 기계론적 세계관이 인간의 이성을 신봉하는 계몽주의자들에 의해 진보주의(progressivism)라는 일종의 이데올로기로 변하게 되었고, 마침내 서구 지성인들의 자만심으로 표출되었다. 19세기 중엽 찰스 다윈에 의해 조심스럽게 제기되었던 진화론은 그와 같은 시대사조를 등에 업고 채 20년이 지나기도 전에 전 유럽과 미국을 뒤덮는 사회학적인 혁명적 풍조가 되었고 진화 사상이 되어 나타났던 것이다.

서구 열강이 전 세계를 제국주의 식민지 영역으로 패권 쟁탈을 하며, 그에 대한 반동으로 나타난 사회주의 혁명을 통해 전 세계가 자유 진영과 공산 진영으로 첨예하게 나뉘는 과정 속에서도, 양 진영 모두 과학 기술의 무한한 발전과 더불어 마침내 인류는 20세기의 유토피아를 건설하게 되리라는 신념만은 서로 공유하고 있었던 것이다. 진보주의는 현대성의 상징이었고 20세기를 여는 화두였다. 전 세계가 진보를 향한 활활 타오르는 열망의 도가니에 빠져 있었던 것이다. 철 종아리로 무장된 인조 로봇은 진보 사상이라는 갑옷을 입고 제국주의의 깃발을 휘날리며 쿵쿵거리면서 전 세계를 활보하였다.

그와 같은 신념 틀 속에서 교육을 받아오던 사람들이 점차 그 꿈속에서 깨어나기 시작한 것은 두 차례의 세계대전을 치르면서 그리고 마침내 인류가 이룩해낸 과학기술의 열매가 핵폭탄이라는 엄청난 살상 무기로 등장하면서 온 인류를 핵전쟁의 위협 속으로 몰아넣기 시작한 그 무렵이었다. 한국 전쟁과 월남전의 참상, 끝없이 이어지는 냉전 상황 속에서 서구의 지성은 자신들이 가졌던 진보 이데올로기가 어쩌면 신기루에 불과할지 모른다는 것을 조금씩 깨닫기 시작하였다. 그와 함께 소위 탈현대, 즉 포스트모던 논쟁이 시작되었다. 그러나 그와 같은 지적 논쟁이 일반 대중들의 삶 속에까지 파급되기에는 상당한 시간이 요구되고 있었다. 여전히 교육 현장에서는 진보 이념이 신앙 고백처럼 설파되고 있었고, 대다수의 대중들은 그것을 무비판적으로 받아들여 왔던 것이다. 탈현대에 대한 외침은 곧 철골 구조 속에서 이룩해 내었던 거대한 기계문명에 대한 반발과 자성 그리고 2,000년 이상 지속되어 온 철기 시대의 종언을 고하는 외침이기도 했다.

철과 흙(Iron and Clay) : 발과 발가락

뉴 밀레니엄에 대한 막연한 기대와 설렘 그리고 약간의 두려움 속에서 마침내 21세기가 열렸다. 철의 시대가 지나가고, 바야흐로 새 시대가 다가오고 있는 것이다. 과연 21세기 문명은 어떤 양상을 띠고 전개될 것인가?

20세기 후반부는 뉴 밀레니엄의 새 시대를 준비하는 시기였다. 탈현대의 조심스런 수군거림이 시작되던 무렵, 20세기 최대의 획기적 발명으로 여겨지는 반도체 트랜지스터의 출현으로 말미암아 산업 사회의 구조는 근본적인 변화를 맞게 되었다. 인공두뇌의 첫걸음을 떼게 한 위력적인 반도체 칩의 등장은 컴퓨터 산업을 비롯한 각종 전자 산업의 발달을 야기했으며, 20세기 후반부 선진국의 물질적 풍요를 극대화시키는 데 결정적인 역할을 하였다. 그뿐만 아니라 각종 물질 상품의 생산 공정을 자동화 공정으로 대치하여 대량 생산, 고속 생산 체제에 의한 거대 기업의 등장을 가능케 하였다. 그리고 마침내 1990년대 중반에 등장한 스마트폰의 출현은 10년 만에 전 지구를 손바닥 안에 올려놓고 들여다보는 신인류의 시대를 가져왔다.

그러나 한편, 컴퓨터와 자동화 기술의 발달로 인해 노동 집약적 산업이 기술 집약적 산업으로 대치되어 가는 과정에서 나타나게 된 새로운 국면은 엄청난 유휴 노동력의 사회적 형태 전환을 불러일으키게 된 점이다. 즉, 물질 생산을 위한 노동력의 급격한 감소는 곧바로 서비스산업의 발달을 가져오게 되었고, 이들을 흡수하기 위한 사회 구조의 재편성이 필연적으로 일어나게 되었던 것이다. 이와 같은 변화를 가속화시킨 가장 큰 요인은 두말할 여지없이 반도체 집적 기술의 발달에 의한 정보 기술의 대량화, 밀집화, 고속화 현상이라 말할 수 있다. 반도체 칩의 위력은 컴퓨터와 인터넷의 발명을 통해 바벨탑 이후에 갈라졌던 세계의 민족과 언어의 장벽을 허물어뜨리기 시작했다. 1980년대 VLSI 시대를 맞이하면서 이미 실리콘 반도체에 의한 정보혁명이 예견되기 시작하였고, 21세기는 모든 사회 구조 속에 정보화의 씨앗이 배태되어 이루어진 정보화 사회 즉, 실리콘 소사이어티(silicon society)가 될 것이라는 전망이 대두되기 시작했다.[20]

이와 같은 변화에 따라, 21세기에는 <산업사회>에서 <지식정보사회>로의 文明史的인 일대 전환이 일어날 것이라는 엘빈 토플러나 피터 드러커와 같은 미래학자들의 예측이 유행처럼 난무하기 시작했다. 그럼에도 불구하고, 일각에서는 지식정보 사회에 대한 지나친 기대와 환상으로 인해 산업 사회의 중요성과 기능이 전적으로 무시되어서는 안 된다는 우려의 소리도 없지 않았다. 그 소용돌이 속에서 마침내 철과 흙을 묶는 4차 산업혁명이 시작된 것이다.

이미 언급한 바와 같이, 산업사회의 인프라가 영국의 산업혁명과 함께 용광로에서 뿜어져 나왔던 쇳물에 의해 구축되었다면, 지식정보사회의 인프라는 컴퓨터에서 흘러나오는 인터넷 정보에 의해 구축되었다고 말할 수 있다. 그리고 이제 철과 흙이 혼합된 21세기 융합사회가 시작되었다. <표1>에 사회 인프라 변화에 따른 21세기 융합사회의 특징을 과거 20세기의 산업사회와 지식정보사회와 비교분석하였다. 산업사회(철)가 물질상품을 대량 생산하기 위하여 대기업 주도하에 자동화 연속화를 추구하여 발전하여 왔다면, 인터넷의 급속한 발달로 맞이했던 20세기 말의 지식정보사회(흙)에서는 캐릭터 상품/정보서비스 상품을 중심으로 다품종 소량 생산을 주기적으로 탈바꿈하는 벤처기업이 닷컴 붐을 이루었다. 그러나 21세기 4차산업혁명 시대가 도래하면서 빛의 속도로 움직이며 연결되는 유비쿼터스 산업이 사람과 사물을 하나로 묶고 온라인과 오프라인이 만나기 시작하면서 철과 흙이 만나는 융합사회가 도래하였다. 각종 메타버스 플랫폼을 통해 가상공간 내에서 서로 만나 관계를 맺고 게임과 놀이를 즐기고 건물을 짓고 유비쿼터스 상품을 사고 파는 비즈니스를 하며 때로는 직접 생산까지 하는 프로슈머(prosumer)시대가 열리기 시작한 것이다.

세 가지 사회의 특징을 네 가지 유형별로 요약하면 아래와 같다.

가. 형태학적 특징
- 산업사회(대기업/대량생산/물질상품)
- 정보사회(벤처기업/소량다품종/정보상품)
- 융합사회(AI/유비쿼터스 플랫폼 상품)

나. 경영 방식의 특징
- 산업사회(중앙집권형/일방향/하향식..)
- 정보사회(분권형/쌍방향/개방적)
- 융합사회(분산형/네트워크형/ESG)

다. 사회적 의사 결정 인자의 영향
- 산업사회(정치경제중심/진보주의)
- 정보사회(문화중심/포스트모더니즘)
- 융합사회(생명중심/생태환경주의)

라. 지식과 기술 및 문화의 영역
- 산업사회(분리형/전문적/ 민속 고유형 문화)
- 정보사회(개방형/복합적/글로컬 블록 문화)
- 융합사회(수렴발산형/융합형/초인류 단일문화)

〈표 1〉 사회 인프라 변화에 따른 세 가지 사회구조의 형태학적 비교

	산업사회(정)	지식정보사회(흥)	융합사회(철과 흥)
생산방식	대량생산	다품종 소량 생산	플랫폼 프로슈머
주요산업	철강/기계/자동차	서비스/정보통신산업	게임/플랫폼/우주산업
상품형태	물질상품중심	캐릭터/정보상품 중심	AI/유비쿼터스 상품
기업형태	대기업중심	소기업/벤처기업	메타버스/플랫폼 기업
기업경영	Top-down	Bottom-up	ESG 경영
조직형태	하이어라키형	네트워크형	블록체인형
권력형태	중앙집권형	분권형	분산형
의사소통	일방향	쌍방향	노드(node)형
지식형태	폐쇄적	개방적	수렴 발산형
사회형태	정치경제 중심	문화 중심	생명 중심
의식형태	자율적 개인주의	다원적 해체주의	융합적 고립주의
결정인자	진보주의(낙관론)	포스트모더니즘(비관론)	생태환경주의(구원론)
인프라	용광로(철)	컴퓨터(인터넷)	스마트폰(SNS)

그러나 이와 같은 변화의 본질을 이해하고 앞으로의 방향을 예측하기 위해서는 그 이면에 깔려 있는 사회학적인 요인과 더불어 좀 더 근원적인 철학적 세계관의 변화가 있음을 직시해야 한다. 다시 말해, 중세 농경 사회로부터 근대 산업 사회로의 천이 과정을 이해하기 위해서 서구의 16-17세기 과학 혁명에서 비롯된 세계관의 변화가 근원적인 동인을 제공했다는 사실을 이해해야만 하는 것과 마찬가지다. 다가오는 21세기 사회는 뉴턴 역학과 칸트 철학에 기초한, 이성을 중시하고 결정론적 기계론적 우주관을 지니고 시작하였던 18-20세기의 서구적 합리주의적 사고가 더 이상 통하지 않는 사회이다. 이는 진보의 확신으로 출범하였던 20세기가 양자 역학과 하이젠베르그의 불확정성의 원리에서 예견된 비결정론적, 다원적 사고의 출현에 의해 서서히 잠식되며 침몰하였음을 의미한다. 첨예하게 부각된 산업 사회의 모순은 탈현대(Post-modernity)의 개념으로 등장하게 되어 모든 사회 구조의 기저를 형성하게 되었으며, 마침내 공학 기술 및 산업 형태에까지 그 영향을 미치게 된 것으로 해석할 수 있다.

이와 더불어 대두된 가장 중요한 사회적 결정 인자가 생태/환경주의이다. 산업 사회는 과학 기술의 끝없는 발전과 더불어 전 인류가 이상적인 테크노피아(technopia)로 나아갈 수 있다는 진보주의(porgressivism)적 믿음에 의해서 이루어져 왔다. 따라서, 물질문명의 진보를 위한 것이라면 인간과 자연이 일시적인 피해를 입을지라도 국가적인 공리를 위하여 그것은 마땅히 감수되어야 하는 것이었다. 왜냐하면 과학기술의 보다 빠른 진보에 의하여 그와 같은 모순은 반드시 극복될 수 있는 한시적 상황으로 인식되었기 때문이다. 그러나 1세기도 지나기 전에 인간의 무절제한 자연 훼손과 환경 파괴 및 공해 산업이 미친 전 지구적 오염에 직면하여 20세기의 낙관론은 더 이상 지탱할 수 없는 지경에 이르고 말았다. 각국의 환경보호에 관한 경각심은 날로 심화되어 가고 있다. 1992년 브라질의 리우데자네이루에서 개

최된 UN환경개발회의(UNCED)에서 처음 시작된 그린라운드(Green Round, 자연보호를 주제로한 다자간 국제협상)는 1997년 교토의정서를 거쳐 2015년 파리 기후 협정에 이르렀으며, 국제 환경 기구의 허용 기준에 도달하지 못하는 산업은 더 이상 생존할 수 없는 상황으로 치닫고 있다.[21] 마이크로소프트와 맥도널드의 최대 주주이기도 한 세계 최대의 금융자산투자회사 블랙 록(Black Rock)은 환경과 사회윤리 및 기업의 투명한 지배구조를 생각하는 ESG(Environmenal, Social, Governance) 경영을 하지 않는 회사에는 더 이상 투자를 하지 않겠다는 선언을 하여 전 세계 기업들에게 ESG열풍을 가져왔다. 또한 애플, 구글, 마이크로소프트 등 세계의 수백 개 선두 기업들이 RE100(Renewable Energe 100%)을 선언하고 2050년까지 모든 생산공정을 100% 재생에너지로 전환하여 완전탄소중립시대를 열겠다고 기업간 협약을 맺어가고 있는 실정이다. 환경 생태주의의 영향권 아래 산업사회의 상징처럼 여겨지던 용광로는 21세기 전반부에 어쩌면 역사 속에서 사라질지도 모를 운명에 처하게 되었다. 근대 기술 문명을 상징하던 공룡이 멸종의 위기를 맞게 된 것이다.

인류의 문명은 반드시 성장과 붕괴의 반복 과정 가운데 새로운 역사의 주역들을 탄생시키며 전개되어 왔다. 그 가운데, 서구의 근대 과학기술 문명만큼 물질적 가치를 극대화시킨 시대는 없었다. 그러나 21세기를 맞이하는 서구 사회는 근대 기계 문명의 기저를 형성하던 합리적 이성에 대한 신뢰가 흔들리며 다시금 문화의 혼란기에 접어들고 있다. 지난 한 세기 동안 진행된 지나친 유물주의의 역기능에 대한 반작용과 더불어, 산업구조의 개편에 따른 지식 정보 사회의 새 물결이 21세기 서구 사회를 휩쓸고 있는 것이다. 그러나, 정신 노동과 지식 상품만을 앞세우며 물질과 노동 가치를 평가 절하하는 오류를 범하게 된다면 구미의 선진국들은 21세기 후반부에 새로운 암흑 시대를 맞이할 우려도 다분히 있다.

그리스 시대와 중국의 춘추 전국 시대는 소위 당대의 지식 상품으로서 손에 잡히지 않는 정신적 가치를 더 높이 평가하던 시대였지만, 결코 그 시대가 오래 가지 못하였고 사회적 풍요를 지속적으로 가져다 주지도 못하였다는 것을 기억할 필요가 있다. 인간은 떡만으로 사는 존재는 아니지만 떡이 없이는 살 수 없는 존재이기도 하다. 따라서, 정신적 가치와 물질적 가치가 동시에 추구되지 않으면 안 되는 것이 인간 사회의 법칙인 것이다. 21세기는 산업사회와 지식 정보 사회의 주도권을 동시에 장악하는 나라, 즉 철과 흙이 융합된 나라에 의해 결국 움직여갈 것이다.

정보화 사회를 상징하는 실리콘 반도체의 재료가 흙의 주성분인 규소라는 점..., 그뿐만 아니라 새로이 부상하고 있는 광섬유 및 세라믹 재료의 중요성을 생각할 때 과연 21세기의 신소재는 흙이라고 말할 수 있다. 그러나 철기 시대가 끝나고 새로운 문명 시대로 진입하는 지금 철과 흙이 혼합된 신상의 발은 우리에게 시사해 주는 바가 있다. 21세기는 그 동안 인류 역사가 축적해 오던 모든 정신문명과 물질문명이 만나서 혼재하며 열 개의 발가락처럼 다양한 복합 문명을 형성하는 혼합 구조형 시대가 되리라는 것이다. 천정부지로 치솟을 듯 하던 IT 산업의 벤처 창업 붐이 어느 정도 꺼져 가는 거품으로 가라앉음과 동시에 온라인(on line) 기업과 오프라인(off line) 기업들의 합병과 전략적 제휴들이 나타나고 있는 것도 이와 무관한 일이 아니다.

21세기 전망을 논할 때 빠지지 않고 등장하는 것이 차이나 러쉬(China rush)에 대한 예측들이다. 그것은 철기 시대의 흐름을 타고 대영제국이 등장했던 것처럼 이제 시작되고 있는 <철과 흙>의 혼합시대의 파도를 중국이 타고 있기 때문인 것이다. 구미 각국의 선진국이 물질 상품을 위주로 생산하는 Hard Industry의 경쟁력을 점차적으로 상실해 가며 캐릭터/정보/아이디어 상품을 위주로 하는 Soft Industry에 의한 지식정보사회의 물결로 거세게 치닫고 있는 동안, 중국은 철강, 기계, 자동차 등 거대한 산업 사회의 유산을 자연스럽게 이어받았다. 중국은 세계 최대의 철강, 자동차 시장이 되었으며 로마제국에서 이어져온 신흥 철기문명의 중심국가가 될 것이다. 한편, 중국은 1978년 개혁개방 정책을 펼치기 시작한 이래로 문화혁명 시기에 침체되었던 과학기술 분야를 부흥시키기 위하여 1986년 3월 <국가고신기술연구개발계획(일명 863계획)>을 발표하여 정보 산업을 비롯한 첨단 7개 분야를 중점 육성하는 정책을 펼쳐왔다. 2015년 7월에는 신국가 안전법을 발효하여 전 중국을 정보의 그물망으로 덮어 감시하는 톈왕(天網) 프로젝트가 시작되었고, 2016년에는 양자 통신위성 묵자호와 우주정거장 톈궁을, 2018년에는 우주 비트코인 노드를 발사하는 등 정보화와 우주굴기에 총력을 기울이고 있다. 2020년 제19기 중국 공산당 중앙위원회 5중전회 폐막 후에 발표된 자료에서는 "과학기술 자립과 자강을 국가발전 전략으로 삼고 과학기술 강국 건설을 이루기 위해 '제조강국, 품질강국, 인터넷강국, 디지털강국'을 목표로 제시했다. 이는 제조업 중심의 1차산업혁명과 전기 자동화 중심으로 품질향상을 가져왔던 2차산업혁명, 그리고 인터넷 지식정보사회의 3차산업혁명을 거쳐서 이제 바야흐로 4차산업혁명의 디지털 강국까지 모두 손에 거머쥐겠다는 대단한 포부를 밝힌 것이다. 21세기의 중국은 산업사회(철)와 지식정보사회(흙) 및 그 두 사회가 혼합된 융합사회를 구성함으로 가장 큰 경쟁력과 가능성을 지닌 세계 최대의 시장이 될 것이다. 다시 말해, 21세기의 중국은 20세기의 유산인 거대한 산업 사회의 적자 상속자가 될 뿐 아니라 정보 통신 분야 및 플랫폼 산업에도 발 빠른 추격을 가해옴으로써 명실 공히 <철과 흙>이 뒤섞인 융합사회를 구축할 것으로 예상된다.

21세기 들어 중국 정부는 미국의 서부개척시대를 연상케하는 서부대개발(西部大開發) 계획을 발표한 바 있다. 14억 인구가 실크로드를 타고 최첨단 인공

지능형 자율주행 자동차를 운전하며 육상 및 해상 일대일로의 21세기 신실크로드를 따라 서부개척시대를 열 날이 임박해 있음을 천명한 것이다. 이로 인해 21세기 G1의 자리를 빼앗으려는 중국몽(中国夢)이 수면 위로 올라섰으며 그를 저지하려는 미국 사이에서 본격적으로 미중 패권전쟁이 시작되었다. 중국은 14억 거대소비시장을 무기로 내수경제와 대외 수출경제를 잇는 쌍순환전략으로 중국을 군사 외교적으로 포위하려는 미국의 압박에 맞서면서, 중국 시장에 수출 의존적이면서도 친미적인 한국과 유럽의 여러 국가에 차이나 불링(China Bullying)의 무역보복 카드로 견제 압력을 가하고 있다.

또한 세계 선교의 서진(西進)의 역사를 따라 중국 교회가 세계 선교의 중심 국가로 부상할 것도 이미 충분히 예견된 사실이다. 로마제국의 통제와 기독교 핍박이 초대 교회가 지중해 연안을 벗어나서 전 유럽과 아시아로 복음을 전파하는 추동력을 제공했듯이, 시진핑 주석에 의한 중국공산당의 중국교회를 향한 감시와 핍박 역시 지하로 숨어들어 간 중국 교회를 통해 복음이 지하수처럼 흘러가게 만들 것이다.

신상의 발과 발가락이 표현해 주듯이 21세기는 혼합의 시대(The Fusion Age)이며 다원화 시대이다. 퓨전 레스토랑이 등장하고 젊은이들의 머리는 각종 색상으로 혼합되어 물들여지고 있다. 분리되어 있던 국가의 경계가 허물어지고 모든 사상과 종교가 혼합되고 또 새롭게 나뉘어질 것이다. 아울러 전 세계적인 난민 현상으로 모든 민족이 뒤섞이고 있다. 인간의 합리적 이성을 신뢰하던 서구 철학의 한계성이 드러남과 더불어 동양의 기철학(氣哲學)으로의 새로운 회귀 현상이 일어나면서 이기(理氣)철학이 뒤섞이고 있다.

질서정연한 결정론적인 과학만을 추구하던 서구 과학계는 지난 세기 불확정성의 원리 앞에서 한동안 갈등을 겪어 오던 중 마침내 카오스 현상과 복잡계 과학을 통해 새로운 돌파구를 모색하고 있다. 서

〈그림 5〉 철과 흙이 뒤섞인 융합시대의 사회적 특성의 주요현상

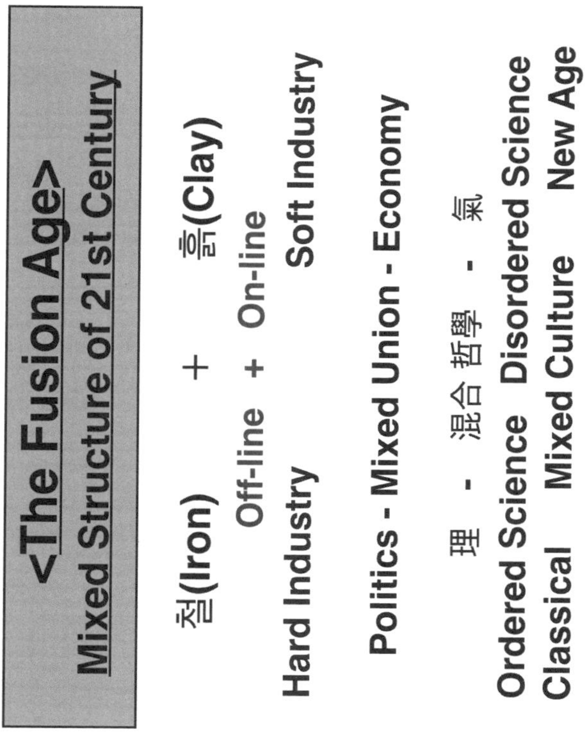

<The Fusion Age>
Mixed Structure of 21st Century

철(Iron) + 흙(Clay)
Off-line + On-line
Hard Industry   Soft Industry

Politics - Mixed Union - Economy

理 - 混合 哲學 - 氣

Ordered Science   Disordered Science
Classical   Mixed Culture   New Age

구 과학의 기저(基底)에 깊이 깔려 있던 유클리드 기하학의 연역 추리적인 전제 속에 오랜 세월 동안 감추어져 있던 자연 세계의 복잡성과 오묘함이 마침내 그 모습을 드러낸 것이다. 그러나 자연에서 드러나는 신비한 현상들은 극한의 복잡성을 나타내는 카오스(chaos)의 세계를 보여주며 우리를 새로운 혼돈으로 이끌어 가는 듯하다. 도대체 자기조직화되어 있는 듯한 자연의 이 신비적 구조는 어떻게 발생한 것인가?[22] 시간이라는 돌이킬 수 없는 흐름을 따라 끝없는 심연으로 빠져 들어가는 우주에 가득 찬 비가역성(非可逆性)... 과연 비가역성은 저절로 존재할 수 있는 것인가? 21세기는 새로운 국면에서 그리스 사상가들이 격론을 벌였던 본체론(ontology)적인 문제에 다시 한 번 휩싸일 전망이다. 20세기를 열었던 상대론과 양자론의 세계가 전혀 새로운 재료의 시대 즉 반도체 시대의 막을 열었던 것처럼, 복잡성의 과학에 의해 펼쳐지는 새로운 융합 재료의 시대가 나타날 가능성도 얼마든지 있는 것이다.[23]

뜨인 돌 : 종언

롤프 젠센(Rolf Jensen)이라는 미래 학자는 21세기가 정보화 사회를 넘어서 꿈의 사회로 접어들고 있다고 말하고 있다.[24] 산업화의 단계에서 인간의 육체노동(muscle)이 기계로 대치되었고, 정보화 단계에서 인간의 지력(brain)이 컴퓨터에 의해 대치됨으로 문명 사회의 패러다임을 바꾸었다면, 조만간 인간의 감성(emotion)이 시대의 전면에 떠올라 21세기 과학기술과 접목되는 꿈의 시대가 도래한다는 것이다. 다시 말해, 21세기의 최대 시장은 감성의 상품화를 누가 먼저 이루어내는가 하는 데에서 결판이 날 것이라는 것이다. 그것은 곧 남들이 꾸지 못하는 꿈을 꾸며 한 발 앞서가는 꿈꾸는 자들만이 새로운 세계에 도전할 수 있는, 꿈의 벤처 창업 시대가 열린다는 것을 뜻한다.

어느 정도 설득력과 통찰력을 지닌 주장이라고 생

각된다. 그러나 단순한 감성의 상품화를 통한 꿈의 세계를 논한다면 그것은 더욱 우리의 미래를 어둡게 할 가능성이 있다. 멀티미디어와 가상현실들이 빚어내는 순기능보다는 전염병처럼 창궐하는 포르노 성착취 사이트가 청소년들의 윤리 의식을 마비시키며 감각적인 말초신경만을 건드리는 각종 저질 문화 산업들이 기승을 부릴 것이 예상되기 때문이다. 해커와 예측 불가능한 정보대란의 공포 등 정보화 시대의 여러 가지 역기능이 빚어내는 어두운 그림자뿐 아니라 생명공학이 창출해내는 인간 복제에 대한 논쟁은 인간 사회의 가장 기초 단위인 가정과 개인의 정체성에 큰 혼란과 마비를 가져올 수도 있음을 시사하고 있다. 게다가 가상공간의 메타버스 세계에서는 아바타들이 서로 만나 경쟁하며 더러는 교육과 문화 예술을 펼치는 플랫폼을 구성하기도 하겠지만, 디스토피아적 살상 게임과 생물학 무기와 가공할 핵무기를 수반한 아마겟돈 전쟁으로 지구의 종말을 연습하는 플랫폼도 등장할 것이다.

세기말, 세기초에 예외 없이 나타나는 종말에 대한 예언들이 아닐지라도 현대 첨단 과학기술 문명이 가져다준 가공할 위력 앞에서 언제부턴가 인류는 종말에 관한 어두운 예감에 휩싸인 채 살아가게 되었다. 다니엘의 환상의 마지막 대목은 분명 우리에게 언젠가 인류 역사의 종말이 닥쳐올 것을 말해주고 있다. 공중에서 큰 돌이 하나 떠오르더니 신상의 발과 발가락을 내려치자 신상은 가루가 되어 흔적도 없이 사라져 버린다. 다니엘이 보았던 신상의 환상(vision)은 이렇게 끝을 맺는다.

미래를 생각하며 비전을 논하는 시대에 우리는 살고 있다. 21세기는 더 이상 빵을 위해 사는 시대가 아니다. 21세기는 꿈의 시대를 넘어 비전의 시대(the era of vision)가 될 것이다. 몽상을 넘어 시대를 읽는 분명한 비전을 지닌 비저너리들을 필요로 하는 시대이다. 21세기의 주역이 될 동북아의 젊은이들이 비저너리가 되어 개척정신과 봉사정신으로 세계의 끝을 향해 뻗어가는 환상을 본다. 그러나 비전이라는 단어가 처음 유래된 성경에서의 진정한 의미에서의 참 비전은 사람들의 머릿속에서 생각해낸 미래에 대한 계획과 청사진이 아니라, 다니엘의 환상처럼 어느 날 문득 자신에게 일방적으로 다가오는 미래에 대한 신적 계시(啓示)를 말한다. 비전은 하나님 안에서 미래를 바라보는 능력이다. 지혜로운 자들은 그 비전을 깨달아 옳게 해석할 것이요 그렇지 못한 사람들은 그것을 무시하거나 두려워할 것이다.

21세기는 뜨인 돌의 비전을 바라보아야 할 시대이다.

註

1. 이 글은 재료공학자로서 평신도만이 볼 수 있는 전문성을 가지고 성경을 해석하여 쓰여진 글이다. 2000년 웹진 eKosta 11월, 12월 호에 초고가 게재되었을 뿐 아니라, 재료 분야 전문 잡지에도 비슷한 내용이 게재된 일이 있다.(Trends in Metals & Materials Engineering, 2000, vol.13 No.7,8, 2001, vol.13 No.1) 따라서, 재료 분야의 일반인들이 폭넓게 이 글을 읽을 기회가 주어졌다는 점에서 의의가 있다. 평신도 사역의 실례로 볼 수 있다.
2. 지금도 해외 토픽에서 가끔 이라크의 사담 후세인이 바벨론의 영화를 회복하겠다고 느부갓네살의 의복을 입고 시위하는 모습이 TV화면에 등장하기도 한다.
3. 20세기의 미국 역시 시각을 달리하면 전 세계 각국에서 몰려든 젊은 두뇌들을 유학생으로 받아 그들을 활용하는 현대판 바벨론 제국일 수도 있다.
4. 그 당시의 박사(wise man)는 점쟁이, 박수, 마술사, 별자리를 관찰하는 점성술사 등과 동류로 취급되었다. 왕에게 미래의 일을 예견하고 조언하는 일에 불려나가는 일종의 보좌관의 역할을 담당하는 점에서는 큰 차이가 없었던 것이다.
5. Bible, Daniel chapter
6. 이스라엘은 솔로몬 왕의 통치 이후 북쪽의 이스라엘과 남쪽의 유다 왕국으로 나뉘어진다. 북쪽의 이스라엘은 BC 722년 앗시리아 왕국에 의해 먼저 멸망당하고, 남쪽의 유다 왕국은 BC 606년 바벨론 제국에게 멸망했다.
7. 《제왕세기(帝王世紀)》에 "帝堯之世, 天下太和, 百姓無事, 有八九十老人, 擊壤而歌, 日出而作, 日入而息, 鑿井而飮, 耕田而食, 帝力于我何有哉"라는 말이 나온다. 즉, 요(堯)임금이 민정을 살피러 나갔더니 한 노인이 땅을 치며 노래를 부르는데, "날이 새면 밭에 나가 일하고, 해가 지면 들어와서 잠자며, 우물 파서 물 마시고, 농사지어 배불리 먹고 근심 없이 살고 있으니, 임금님의 힘인들 나를 어쩔 것인가" 하는 것이었다. 요임금은 크게 만족하여 "과시 태평세월이로고" 하였다고 한다.
8. 그리스의 시인 헤시오도스의 교훈시 《노동과 나날》을 보면 올림포스의 신들이 인간을 만든 것으로 되어 있는데, 이 시에는 "인간의 5세대(世代)"가 등장한다. 이에 따르면 신들은 먼저 황금의 종족을 만들었고, 이어 백은(白銀)의 종족, 청동(靑銅)의 종족, 영웅들, 철(鐵)의 종족 등을 차례로 만들었다. 지금은 철의 종족의 세대로, 노동과 괴로움으로 차 있어 마침내 화(禍)와 자멸(自滅)의 길을 가고 있다는 것이다.
9. 조선 후기에 퍼진 이상향을 동경하는 민간 신앙. 남조선이란 현실 세계에 욕구불만을 가진 민중 또는 사상가가 설정한 이상향이다. 이것은 당시의 잇따른 내우외환과 위정자의 무능무책으로 말미암은 현실세계에 대한 염오를 초현실적 관념의 세계로 전향하여 희망을

미래에 두고자 하는 신앙 형태의 발현이었다. 《정감록(鄭鑑錄)》도 남조선 신앙을 바탕으로 이루어진 것으로 볼 수 있다.

10. 플라톤에 의하면 개물(個物)이 불완전성을 지니는 이유는 이데아의 형상(形相:idea)을 흉내내어 만들어진 미메시스(모방물)이기 때문이다. BC 5세기경 피타고라스파(派)도 음악은 수(數)의 미메시스(모방물)라고 하였다. 그러나 이 말은 플라톤에 이르러 비로소 중요한 의미를 가지게 되었는데, 플라톤은 여러 가지 개체(個體)는 개체가 되도록 한 형상을 흉내낸다고 하여, 이에 의해서 현상계(現象界)의 열등성을 증명하는 이유로 삼았다.

11. <Ethics>, D. Bonhoeffer, 1955, Macmillan Publishing co.

12. 제우스의 아들 디오니소스에게 자신의 손으로 만지는 것은 모두 황금으로 변하게 해 달라고 청하였던 마이다스 왕은 식탁 앞에 앉아서 비로소 자신의 어리석음을 깨닫는다.

13. 은의 전성(展性)과 연성(延性)은 금 다음으로 커서 두께 0.0015 mm의 은박을 만들 수 있고, 1g의 은으로 1800 m의 선(線)을 만들 수 있다.

14. 은의 열 전기의 전도성은 열전도율 1.006 cal/cmsecdeg(18 ℃), 비저항 $1.62 \times 10-6\Omega$ cm(18 ℃)로서 금속 중 최대이다. 금은 은의 70%정도의 전도율을 지닌다.

15. 그리스.로마인들을 비롯한 고대인들이 주로 금을 태양을 상징하는 금속으로 사용한 반면 은을 초승달과 결부시켜 달의 여신으로 숭배하기도 하였다.

16. 성경의 창세기 4장에는 에덴에서 추방당한 카인의 후예들에 의하여 펼쳐지는 문명사회의 형성과정이 자세히 기록되어 있다.

17. 카인의 후예, 즉 Cainites 혹은 Kenites로 표기된 히브리어는 대장장이의 뜻을 지닌 아랍어와 어원을 같이하고 있다. D. Kidner, Genesis; An Introduction and Commentary, IVP, The Tyndale Press, 1967

18. 코크스 제철법을 확립한 에이브라함 다비(1678~1717)는 석탄을 코크스화(化)하여 탈황(脫黃)하고 1709년 슈롭셔의 콜브룩데일(Coalbrookdale) 제철소에서 처음으로 철광석을 코크스로 용련(鎔鍊)하는 데 성공하였다. 그 아들 다비 2세(1711~1763)는 아버지의 사업을 더욱 발전시켜 1750년경 연철(鍊鐵)로 바꾸는 데 적합한 선철(銑鐵)을 제조하는 문제를 해결하였으며, 손자인 다비 3세(1750~1791)는 콜브룩데일에서 세계 최초로 철교(鐵橋)를 만들었다.

19. 중국은 이미 1996년도에 조강 생산 1억 톤을 초과하였고 2001년에는 1억 4천만 톤을 기록하며 단일 국가로서는 세계 최대의 철강 생산국이 되었다. 그러나 물론 기술적으로는 매우 낙후되어 있을 뿐 아니라 13억 인구를 고려할 때, 1인당 연간 철강 소비량은 아직 100kg 수준에 머물고 있어 선진국 수준의 400-500 kg과 비교하면

아직 거리가 있다.(참고 2018년 통계로 중국의 1인당 철강 소비량은 590kg을 초과하여 세계 4위의 선진국형으로 도약하였으며 대한민국은 1047kg으로 세계 1위를 기록하였다. 한편 2020년 전 세계 조강 생산량 19억 톤 중에 중국이 10억 톤을 생산하여 57.6% 점유율을 나타냈으며 한국은 6,700만 톤으로 세계 6위를 기록했다.)

20. 반도체의 주성분인 실리콘(Si)이 모래와 같은 흙에서 나오기 때문에, 정보화 사회를 실리콘 소사이어티라고 명명하는 것이며, 신상의 발에서 나타나는 흙의 시대라고 표현할 수 있다.

21. UN은 2015년 제70차 유엔총회에서 17개 분야에 걸쳐 지속가능한 발전목표를 모든 국가가 2030년까지 공동으로 추구하자는 SDG-2030 (Sustainable Development Goals)을 발표하였고, 2017년도에는 북한도 여기에 가입하여 UN과 계약을 맺었다. SDG에서는 5P(people, planet, prosperity, peace, partership)라는 5개 영역에서 인류가 함께 나아가야 할 방향성을 기후 및 생태환경, 식량, 평화와 인권, 해양 및 생물 다양성 보존 등 17개 분야에 걸쳐 목표를 제시하고 있다

22. Randomness로 표현되는 우연/무질서의 세계와 혼돈의 복잡성을 내용으로 하는 카오스의 세계는 전혀 다른 것이다. 카오스의 세계에서 질서의 세계로 전환되는 자기 조직화 단계에는 반드시 비가역성이 개입되기 마련이다. 마치 우리가 물동이 안에 들어있는 잠잠한 물에 손을 휘저어 난류 현상을 일으킬 때 카오스가 발생하여 소용돌이 현상으로 발전하지만, 비가역성을 일으키는 손 동작을 제거하면 곧바로 난류 현상 자체가 정지하고 만다는 사실과 마찬가지이다. 우주의 신비는 우주에 가득 찬 카오스와 그것에 질서를 부여하기 위해 부단히 움직이는 보이지 않는 손의 비가역적 힘에 있다.

23. 21세기를 준비하며 자연세계의 복잡성이 새롭게 인식되기 시작했다는 것은 중요한 의미를 지닌다. 서양 철학의 연역적 전제들이 만들어 놓은 보편적 질서가 인간 이성의 절대적 신뢰를 바탕으로 한 것이었다면, 그것의 한계를 깨우치게 된 것은 새로운 도약을 위한 발판을 마련할 것이기 때문이다. 중세 철학에서 아리스토텔레스의 과학 체계의 합리성을 절대적 아성으로 신봉하던 실재론자(realism)들에게 오캄(Okahm, 1285-1349)이 보편적 질서란 한낱 이름뿐인 것에 지나지 않는다며 유명론(nominalism)을 주장하여, 인간의 사고체계를 근세 경험론의 세계로 이끌어 냄으로써 과학혁명의 기초를 마련하였다는 것을 회고해 볼 필요가 있다.

24. <The Dream Society>, Rolf Jensen, 1999, McGraw-Hill

3장

지성과 환경,
그 깨지기 쉬운 유리알 유희

지성

지성이면 감천이라더니…
지성미 넘치는 그녀가 내 책상에 다가와 걸터앉았다.
부드러운 헤이즐럿 커피 향을 날리며…
포스트 모던 건축 양식에 대해 말했다.

지성적이고 싶었던 나는 그녀의 말에 수긍했다.
그러나 그녀는 다시 고개를 저었다.
나는 그래도 고딕 양식이 더 좋아요.
쾰른 성당의 웅장함이 훨씬 지적이고 남성적이죠.

히로시마에 원자탄이 터진 이유를 알아요?
그건 독일이 먼저 항복해버렸기 때문이야.
젠장, 어딘가에 한번은 터뜨려야 했잖아?
핵탄두 속에 농축된 과학적 지성들이 연쇄반응을 일으킨 거죠 뭐.

챌린저도 폭발하고 컬럼비아도 산산조각…
제길 그래도 그들은 기어이 이라크와 아프간을 공격했다구.
자기가 세계 최고의 지성임을 과시해야 했거든
암… 아는 것이 힘인데 뭘…

미니스커트를 입은 그녀는
박 지성을 좋아했다.

환경

아주 어렸을 때
선생님은 우리에게 가정환경 조사를 했다.
아버지의 직업이 무어냐?
근데요, 울 아버지는요, 저, 환경미화원이셔요.
나도 방과 후에 남아서 환경미화를 했다.

하루 종일 환경미화를 하고 돌아온 아버지,
아버지한테는 늘 쓰레기 냄새가 난다.
쓰레기 냄새는 우리 아버지 냄새다.
나는 주름진 아버지의 그 냄새가 싫었다.
아버지는 그 냄새를 지우려고 담배를 태우셨다.

세상에는 왜 그렇게 쓰레기가 많을까?
울 아버지가 치워도 치워도 자꾸만 나오니…….
나는 찌그러진 흑백텔레비전 앞에
우두커니 앉아서 생각했다.
텔레비전에서 전쟁 뉴스를 하고 있다.
아프간에서도 지구 환경보호 캠페인을 하려나?

쓰레기 한 점 없는 파란 하늘이다.
오늘은 공습이 없을라나?
어머니는 동생을 등에 업고 부엌에서 시래기 국을 끓이신다
참 좋은 냄새다.

인간이란 블랙박스
-생물학 결정론과 문화 결정론 사이에 있다-

〈문명 충돌과 붕괴의 時論〉

2001년 9월 11일 발생한 세계 무역 센터(WTC)의 붕괴 장면은 전 세계인을 경악하게 한 세기적 사건이었다. 정보화시대를 실감하며 생방송으로 엽기(?)적 상황을 지켜보는 동안 많은 생각이 스쳐지나갔다. 바야흐로 다각화된 문화에 의한 문명 충돌의 시대로서 21세기를 예견했던 새뮤얼 헌팅턴과, 인류 역사 속에 나타난 문명의 한계 수익 체감에 의한 문명 붕괴의 필연성을 역설한 조지프 테인터의 노작(勞作)이 새삼 떠오르는 순간이었다.

역사학자 토인비가 2,000년 전 바울이 소아시아에서 지중해를 건너 유럽으로 건너갈 때 타고 간 배를 가리켜 유럽의 운명을 싣고 간 배였다고 말했듯이, 세계 역사는 끊임없는 서진(西進)을 계속하며 새로운 문명과 역사의 주역들을 탄생시켜 왔다. 21세기의 개막과 더불어 발생한 WTC의 붕괴는 어쩌면 지난 20세기 세계 정치 경제 문화의 주역이었던 한 문명이 무너져 내리고 이제 또 다시 새로운 주역의 부상을 예고하는 역사의 한 서막으로 기억될지도 모른다. 지난 20세기는 인간의 합리적 이성을 앞세운 과학기술을 무기로 유토피아 사회 건설을 추구하며 시작되었다. 20세기가 평등과 자유의 이데올로기를 나누어 가진 채 동서 냉전의 양극화 구도로 치닫는 동안, 세계는 수많은 전쟁과 혁명 속에서 무고한 피흘림과 비인간화의 값을 치렀다. 그러나 이제 21세기는 다원화된 문화 전쟁 속에서 새로운 형태의 피흘림을 예고하고 있음이 아닌가?

인간의 본질에 대한 탐구는 철학과 과학의 가장 오랜 주제였다. 지난 18세기 계몽주의 시대 프랑스의 라 메트리가 「기계인간」의 개념을 제시함으로 출발한 소위 <생물학 결정론>은, 모든 인간이 유전자에 의해 프로그램된 고도로 복잡한 기계에 불과하다는 생각을 낳았다. 급기야는 좋은 세상을 만들기 위해서는 좋은 유전자를 지닌 사람만을 남겨놓아야 한다는 주장의 우생학을 통해 열등한 인종을 청소 도말(?)하는 히틀러식의 급진 우익 사상까지 만들어내기에 이르렀다. 그러나 생물학 결정론에 반대하는 <문화 결정론>자들은, 인간은 주변 환경과 교육 문화에 의해 언제든지 가변적으로 변화될 수 있는 존재라는 주장을 내세운다. 그러나 문화 결정론이 또 다른 극단으로 치우칠 때, 소위 행동주의 철학자들이 주장하는 바와 같이 인간을 환경적 자극에 의해 마음대로 조작할 수 있는 환경적 기계장치 또는 시스템으로 파악하고 만다.

결국 이 논쟁은, 인간이 안고 있는 피면할 수 없는 두 가지 조건 <자연(Nature)>과 <문화(Culture)>에 대한 시각을 어떻게 갖느냐 하는 문제에서 비롯된다. 분명 인간은 자연적 요소를 지닌 존재이기도 하지만 또한 문화적 환경에 의해 끊임없이 변화되고 있는 존재이기도 하다. 그러나 인간을 파악하는 시각이 <자연>이냐 <문화>냐 하는 양자택일의 이원론에 빠질 때 그 시각은 결국 인간의 사물화(死物化)를 조장하는 이데올로기로 변하고 만다. 이데올로기화한 원리주의(原理主義)는 항상 위험요소를 안고 있다. 그래서, 어느 한 쪽에 치우치지 않는 균형잡힌 생각을 유지하는 것은 대단히 중요한 일이다.

인간은 <자연>과 <문화> 사이에 존재한다. 그러나, 그 중간 영역은 철학과 과학의 오랜 탐구에도 불구하고 여전히 완전히 파악될 수 없는 블랙박스(Black box)로 남아 있다. 내가 알 수 없는 어떤 영역이 있을 수도 있다는 생각, 그것이야말로 경직된 사고의 위험성으로부터 자신을 지켜주는 균형 감각이며, 내 자신에 대한 무지로부터의 탈출을 위한 출발선이 될 것이다. 문명 충돌의 시대에 자신이 붕괴되지 않고 살아가기 위해 가장 필요한 것은 역사의 완충지대를 바로 읽는 지혜와 탄력성이다.

위 글은 2001년 10월 18일자 연변과학기술대학 신문의 <북산가 컬럼>에 실었던 글이다. 사회주의 국가의 대학 신문에 게재한 글이라 신앙적인 내용은 더 이상 쓸 수가 없었다. 그러나 인간의 본질에 대하여... 그 해답을 논하기 위해서는, 위에서 <블랙박스>로 처리해버린 부분에 대한 신앙적 이해가 반드시 있어야 한다. 인간에게 주어진 이성적 힘은 무궁무진해 보인다. 지난 20세기에 인류는 천체의 궤도를 예측하여 달과 화성에 로켓을 쏘아 올리고, 원자의 구조를 파헤쳐 신기한 반도체와 컴퓨터 시대를 열었다. 그러나 그 이성의 힘으로 미사일의 탄도를 예측하고 원자폭탄을 만들어 대량 살상을 일으킨다. 그것이 인간의 이성이 지닌 양면성이다. 어째서 이런 일들이 발생하는 것일까?

유토피아 신기루를 쫓는 인류의 유희

　세계 제2차 대전이 한창이던 1943년, 독일의 작가 헤르만 헤세는 그의 생애 최고의 대작이자 자신의 사상을 집대성한 작품 <유리알 유희>를 발표하여, 1946년 전후 최초로 노벨 문학상을 받는다. 나찌스에 의해 갈기갈기 찢어진 독일 지성인의 자존심과 전쟁의 광란과 공포에 젖은 20세기 지성의 회복을 희구하는 헤세 문학 집념의 산물이기도 했다. 서기 2,400년을 배경으로 펼쳐지는 미래소설이자 유토피아 소설인 <유리알 유희>는 인류가 20세기 전쟁의 공포에서 벗어나 지성의 회복을 통한 종교적 이상향을 건설하고 영재 교육을 통해 학문과 예술의 정신 문명을 극대화하는 지적 유희를 벌이는 내용을 담고 있다. 인간이 만들어낸 학문과 예술의 최고의 경지... 그것을 헤세는 <유리알 유희>에서 마치 수학적 대위법으로 작곡된 바하의 파이프오르간 푸가(Fugue)를 연주하는 것과 같이 묘사하고 있는 것이다. 더 이상 정교하고

더 이상 웅장하며 더 이상 합리적이며 더 이상 경건
할 수 없는 꽉 짜여진 위대한 음악... 그 음악의 명인
들에 의해 펼쳐지는 유토피아라는 대곡은 마침내 연
주될 수 있을 것인가? 과연 인간의 역사는 헤세가 지
향하고 갈구했던 대로 이상향을 향해 나아갈 수 있을
것인가? 그것은 가능한 일일까?

고대로부터 인간의 이성적 힘을 믿었던 일부 사상
가들은 탁월한 지도력을 지닌 소수 엘리트 혹은 철인
(哲人)을 통해 다스려지는 이상국가(理想國家)를 만들
고 싶어했으며 그것이 가능하다고 생각했다. 플라톤
이 그랬고 공자가 그랬다. 그 시대와 환경, 그리고 방
법론은 서로 달랐지만 퇴계와 율곡이 그러했고 크롬
웰이 그러했으며 마르크스가 그러했다.

지금부터 120여 년 전.... 19세기 말에서 20세기로
인류 역사의 수레가 역동적으로 올라서던 시기에 서
구 세계는 17세기 이후 자신들이 이룩해낸 과학기술

의 혁명적 진보와 그에 따른 자신감으로 가득 차 있었다. 과학 혁명에 의해 형성된 기계론적 세계관이 인간의 이성을 신봉하는 계몽주의자들에 의해 진보주의(progressivism)라는 일종의 이데올로기로 변하게 되었고, 마침내 서구 지성인들의 자만심으로 표출되었다. 19세기 중엽 찰스 다윈에 의해 조심스럽게 제기되었던 진화론은 그와 같은 시대사조를 등에 없고 채 20년이 지나기도 전에 전 유럽과 미국을 뒤덮는 사회학적인 혁명적 풍조가 되었고 진화 사상이 되어 나타났던 것이다. 서구 열강이 전 세계를 제국주의 식민지 영역으로 패권 쟁탈을 하며, 그에 대한 반동으로 나타난 사회주의 혁명을 통해 전 세계가 자유진영과 공산 진영으로 첨예하게 나뉘는 과정 속에서도, 양 진영 모두 과학 기술의 무한한 발전과 더불어 마침내 인류는 20세기의 유토피아를 건설하게 되리라는 신념만은 서로 공유하고 있었던 것이다. 진보주의는 현대성의 상징이었고 20세기를 여는 화두였다.

그와 같은 신념 틀 속에서 교육을 받아오던 사람들이 점차 그 꿈속에서 깨어나기 시작한 것은 두 차례의 세계대전을 치르면서 그리고 마침내 인류가 이룩해낸 과학기술의 열매가 핵폭탄이라는 엄청난 살상 무기로 등장하면서 온 인류를 핵전쟁의 위협 속으로 몰아넣기 시작한 그 무렵이었다. 한국 전쟁과 월남전의 참상, 끝없이 이어지는 냉전 상황 속에서 서구의 지성은 자신들이 가졌던 진보 이데올로기가 어쩌면 신기루에 불과할지 모른다는 것을 조금씩 깨닫기 시작하였다. 그와 함께 소위 탈현대(脫現代), 즉 포스트모던(Post-Modern) 논쟁이 시작되었다. 그러나 그와 같은 지적 논쟁이 일반 대중들의 삶 속에까지 파급되기에는 상당한 시간이 요구되고 있었다. 여전히 교육 현장에서는 진보 이념이 신앙 고백처럼 설파되고 있었고, 대다수의 대중들은 그것을 무비판적으로 받아들여 왔던 것이다. 탈현대의 외침은 20세기 지성이 이룩해 내었던 거대하고 냉혹한 기계문명에 대한 반발과 자성 그리고 인간 이성에 대한 회의와 불안감의 표출이었다.

그 불확실성 속에서 전 세계를 충격으로 몰아넣었던 911테러로 21세기는 그 서막을 연다. 곧 이어 반격으로 가해진 아프간과 이라크 전쟁은 세계인들로 하여금 지난 20세기 세계의 학문과 예술을 이끌어 가며 정치와 경제의 종주국이요 지성 국가로 자처했던 미국에 대한 극심한 반발과 실망, 그리고 분노에 사로잡히게 했다. 이성과 이념으로 시작했던 20세기보다도 감성과 경제 논리만을 앞세우는 21세기는 역사를 더욱 극심한 지적 공황과 불안으로 몰고 갈 가능성이 높다. 과연 인류는 이제 지성을 포기해야만 하는 것인가? 도대체 무엇이 문제인가?

누가 진짜 환경 파괴범이냐?

　1967년, 린 화이트(Lynn White Jr.)는 '우리의 생태적 위기의 역사적 근원(The Historical Root of Our Ecological Crisis)'이라는 논문을 발표하여 학계에 큰 논

쟁을 불러일으키며 유명세를 탔다.[1] 그는 지구 환경 파괴의 주범으로 자연을 마음대로 착취한 서구 문명의 책임을 논하면서, 그 사상적 배경에는 기독교가 큰 역할을 담당하였다고 주장했다. 창세기 1장 28절의 문화 명령을 근거로 한 성서적 자연관이 자연을 지배하고 정복하는 과정에서 무분별한 환경 훼손을 가져왔다는 것이다. 이 논쟁을 계기로 고대의 유기체적 세계관의 복고 현상이 나타났다. 기독교 이외의 다른 문명권, 특히 동양의 유기체적이며 범신론적인 자연관이 환경 문제에 대한 새로운 대안으로 제시되기에 이르렀다. 그것은 최근의 제임스 러브록(James Lovelock)과 같은 생태주의 과학자들에 의해 제기된 가이아 가설[2]이나 어머니 지구 이론으로 이어진다. 또 하나의 현대적 유기체 이론을 탄생시키고 있는 것이다. 자연 만물에 영혼이 숨어 있다는, 그러니 함부로 다쳐서는 안 된다는 고대의 정령 숭배 사상과 범신론적 물활론이 생태주의의 포장을 하고 새롭게 부활한 것이다(이 같은 생각들이 지구환경보호를 위해 일부분 기여하고 있는 것은 사실이다.)

서구 문명이 동양을 제치고 세계 역사의 주축으로 올라선 계기를 마련한 것은 16-17세기 과학혁명 이후 근대 세계에 이르러서였다. 과학혁명은 동서양을 막론하고 공통적으로 견지해 오던 유기체적 세계관으로부터 성서적 기계적 세계관으로의 천이를 가져왔다. 그 일은 서구인들의 사고를 획기적으로 변화시켰다. 자연을 숭배하고 두려워하던 과거에서 벗어나 적극적으로 자연을 이해하고 탐구하는 계기를 마련해 주었다. 자연을 정복하고 다스리기 시작한 것이다. 물론 이 시기에 서양의 기독교 국가들이 타민족에게 자행한 제국주의적 환경파괴에 대하여는 역사적 책임을 묻지 않을 수 없다.

　이런 관점에서 보면 린 화이트의 지적은 일견 타당성이 있다. 그러나 그 내용을 자세히 살펴보면, 역사의 한 단면만을 부각하여 전체의 책임을 전가하는 환원주의적 오류를 품고 있다. 과학 혁명을 일으킨 당시의 기계적 세계관은 철저히 유신론적 세계관에 바탕을 둔 것이다. 코페르니쿠스, 케플러, 갈릴레이, 뉴턴 등 과학혁명을 일으킨 주인공들은 하나님이 창조하신 우주 안에 감춰진 오묘한 설계와 목적성에 대해 추호의 의심도 없이 확신하는 사람들이었다. 그들과 충돌을 야기했던 중세적 세계관은 오히려 헬레니즘의 유기체적 세계관에 뿌리를 둔 아리스토텔레스의 과학이었다. 성경을 철저하게 모든 자연 세계가 하나님의 지혜로 만들어진(formed, fabricated) 것임을 천명하고 있다. 기계적 세계관은 광대한 우주를 구성하며 규칙적으로 운행하는 행성과 은하들에서 시작하여 지구 생태계의 모든 동식물과 흙으로 만드신 사람의 몸에 이르기까지, 하나님이 지으신 만물이 목적과 설계에 의해 기계적[3]으로 형성된 것이라고 알려 주고 있다. 복잡하고 신비하기 이를 데 없는 자연이지만, 그것은 하나님이 만드신 것이지 자연 스스로 자기 조직화하여 나타난 유기체가 아니라는 것이다. 생명현상의 특징인 유기체가 발현된 것은 하나님의 숨결과 생기가 들어간 이후에 나타났다는 관점이다. 사람의 생명 또한 하나님이 만드신 몸속에 생기를 불어넣어 탄생한 것이기에 자연과는 구별된다. 우리의 몸은 죽어서 다시 흙으로 돌아갈지라도 영혼은 여전히 남아 있는 것이다.

그러나 하나님이 창조하신 세계에 대한 유신론적 기계론은 시간이 지남에 따라 계몽주의 철학자들에 의해 이신론(理神論)[4]으로 탈바꿈하고, 마침내 무신론적 기계론으로 귀착되고 만다. 다스리고 정복하되 선한 청지기가 주인의 재물을 정성스레 관리하듯 해야 할 자연을 인간이 스스로 주인이 되어 마음대로 탈취하고 빼앗고 남용하게 된 것이다. 타락한 인간에 의해 끝없이 유린당할 그 자연의 모습을 미리 내다보셨던 하나님은 아담과 하와에게 '이제는 땅이 네게 가시덤불과 엉겅퀴를 낼 것'이라고 예언적 저주를 하신다. 하나님을 배제한 기계적 세계관은 오직 인간의 이성만을 신봉하는 과학주의와 물질주의에 빠진다. 그 이성의 시대가 만들어낸 사생아가 지구 전체의 환경파괴자로 나타나게 된 것이다. 오히려 자연을 살아 있는 유기체로 보고 숭배하던 시절보다 더 못한 결과를 가져온 것이다.

만일 기독교 자체가 환경파괴의 주범이라는 논리를 받아들인다면, 현재 기독교 국가마다 환경파괴 현상이 더 심하게 나타나야만 한다. 그러나 현실은 정반대이다. 기독교 문명이 한번 휩쓸고 지나간 국가는 비교적 환경보존이 양호한 반면에 유물론, 즉 무신론적 기계론 사상에 입각해 세워졌던 공산주의 국가마다 더 심한 환경파괴와 훼손이 일어났기 때문이다. 환경파괴는 기독교의 자연관 때문이 아니라 하나님을 떠나 살아가는, 이기적으로 타락한 인간에 의해 야기된 문제인 것이다.

오리엔탈리즘의 종언과 다시 깨어진 유리알

하나님의 형상(the image of God)으로 창조된 인간... 그 특별한 인간의 본질에 대하여 성경은 세 가지 구성 요소를 암시하고 있다. 창세기 1장에는 하나님의 개입이 없이는 불가능한 창조행위를 표현하는 바라(bara)라는 동사가 단계적으로 세 구절에 등장한다. 첫째가 절대 무(無)의 상태에서 시공간과 물질을 창조하는 1절이요, 둘째가 의식적 존재로서의 생물을 창조하는 21절이며, 마지막 세 번째가 하나님의 형상으로 인간을 창조하는 27절이다. 인간은 이 세 가지 단계를 통해 물질적 요소(body)와 의식적 요소(soul) 및 영적 요소(spirit)를 함께 갖춘 존재가 되었다. 물론 유기체로서의 인간에게 이 세 가지 요소가 삼분법(三分法)적으로 독립되어 있지는 않다. 육체적 결함과 상처가 더러는 의식과 영적인 함몰을 가져오기도 하며, 영적인 치유가 육체의 손상을 회복시키는 결과로 나타나기도 하기에 인간은 이 세 가지 요소를 지닌 하나의 통일체로 봄이 마땅하다.

그러나, 인간이 지닌 한계성을 근원적으로 파악하기 위하여 세 가지 요소를 분리하여 생각하는 것이 필요할 때도 있다. D. G. Barnhouse는 인간을 하나님에 의해 아름답고 완전하게 지어졌던 3층집으로 묘사하고 있다. 제1층인 몸(body)은 흙으로 지어진(formed) 물질적 요소요, 제2층인 혼(soul)이 인격성(personality)을 나타내는 요소라면, 제3층인 영(spirit)은 하나님과의 대화와 교제를 가능케 하는 영성(spirituality)적 요소이다.[5] 문제는 그렇게 아름다웠던 인간이 불순종의 죄를 지어 타락(fall)하는 그 순간 마치 원자폭탄이 터진 것과 같은 엄청난 재앙이 발생하여 인간의 본질적 요소를 근원적으로 훼손해버렸다는 것이다. 폭탄이 투하된 순간 하나님과의 대화를 가능케 하던 제3층은 완전히 날아가 버리고(파편만이 희미한 흔적으로 남음), 인간의 지성, 감성, 의지를 나타내던 제2층은 반파되어 절반이 남았으나 남은 절반도 심하게 손상되었으며, 제1층 육체는 그 순간 겉으로는 멀쩡해 보였지만 폭발진동에 의해 보이지 않는 미세 균열(micro-crack)이 가득 발생하여 서서히 무너지기 시작하였다. 결국 선악과를 먹는 날에는 너희가 반드시 죽으리라고 약속했던 대로 인간은 죽을 수밖에 없는 존재로 전락하고 만 것이다. 불순종의 대폭

〈그림 6〉 D. G. Barnhouse – 하나님의 3층 집

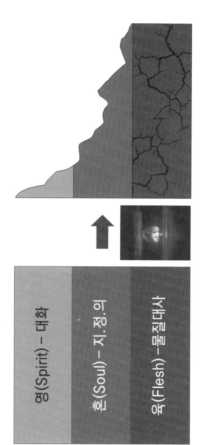

하나님의 형상, 아름다운 (육–혼–영) 3층집 파괴되다!

영(Spirit) – 대화

혼(Soul) – 지.정.의

육(Flesh) – 물질대사

타락 전

타락 후

발, 그 결과는 참혹했다. 반파된 인간의 지성은 심각한 크랙(crack)으로 말미암아 언제 깨질지 모르는 유리알이 되고 말았으며, 그 손상된 지성들이 부딪히며 만들어낸 문화와 예술과 산업에 의해 아름다웠던 지구는 석탄연기와 버섯구름과 지구 온난화의 어두운 먹구름으로 뒤덮혀 지구의 종말을 우려해야 하는 환경문제로 신음하게 되었다.

인간의 지성을 과대평가했던 계몽주의 철학자들은 인간 스스로가 자신의 존재를 규정하고 파악할 수 있을 뿐 아니라 그 이성의 힘으로 유토피아를 건설할 수 있다고 믿었다. 무신론과 유물론으로 무장된 그들은 하나님의 자리에 대신 과학을 올려놓음으로써 새로운 부르조아 지배계층을 형성하게 되었다. 그들이 인간을 결정론적으로 이해하고 분석해 가는 과정에서 서구 사회에 처음 등장한 것이 <기계적 결정론>이다. 즉 인간을 단지 유전자와 생체 화학반응에 의해 결정되는 물질적 산물로 보는 견해이다. 이는 나

중에 유전자 구조의 이해와 분자 생물학의 시작과 더불어 <생물학 결정론>으로 발전하며 다윈이즘에 의한 적자생존의 원리와 결합하여 자본주의 보수 우익 사상의 철학적 기초를 놓게 된다. IQ, 가부장적, 성적(性的), 사회적, 인종적 나아가서는 정치 경제적 불평등의 기원을, 인간 내부에 선천적으로로 결정되어 있는 유전적 원인으로 파악하는 것이다. 이에 반해, <심리학 결정론> 또는 <문화 결정론>은 인간은 오직 그가 자라온 환경과 교육에 의해 결정되는 역사적 산물로서 파악한다. 의식의 정신적 진화과정을 변증법적으로 기술한 헤겔에서 출발하여 인간 행동을 외부 자극에 의한 학습된 반응으로 파악한 스키너에 이르기까지, 그들은 인간의 정신 현상을 철저히 탈신격화(脫神格化)한다. 이는 교육과 학습을 통한 사회변혁을 꿈꾸는 좌익 급진 사상에 영향을 주며 역시 다윈이즘의 자연도태의 원리와 결합하여 프로레탈리아 혁명 계급투쟁의 사회주의 철학으로 발전해 간다.

인간은 비록 불완전하지만 자유 의지를 지닌 존재

이기 때문에 자신의 행동에 도덕적 책임을 담당해야
한다. 그러나 생물학 결정론이든 문화 결정론이든,
결정론적 세계관으로 바라본 인간에게는 도덕적 책
임이 사라지고 만다. 그가 어떤 사회적 문제나 불평
등이나 혹은 폭력을 야기하거나 당하더라도, 그것은
생물학적 원인 혹은 그가 처했던 환경적 원인에 의
해 불가피하게 발생된 것이기 때문이다. 이 같은 사
상 위에 유토피아를 꿈꾸고 출발했던 결정론적 세계
는 오히려 날이 갈수록 심각한 사회적 질병과 경제적
불평등 그리고 끔찍한 전쟁으로 지난 20세기를 점철
시켰다. 보수 우익 사상이 빚어낸 우생학은 생명경시
현상으로 나타나 나찌 히틀러의 유대인 학살, 일본
의 남경대학살과 731부대의 만행을 일으켰으며, 좌
익 급진 사상이 일으킨 공산 혁명은 사회주의 국가마
다 엄청난 피의 숙청을 불러왔다. 결정론주의자... 그
들은 타락한 인간의 이성이 얼마나 심하게 왜곡되어
있는지를 몰랐다. 그들의 이성은 너무나 불완전해서
인간의 본질을 제대로 파악하지도 못했을 뿐 아니라,

그 불완전한 이성으로 완전한 이상사회를 결코 이룩
할 수 없었던 것이다.

  동서 냉전으로 팽팽히 맞서던 20세기가 그 균형
을 상실하고 사회주의의 몰락으로 내닫던 1980년대
후반부터 미국과 영국 사회를 중심으로 신우익(New
Right)라고 부르는 정치권력이 새롭게 형성되기 시작
했다. 레이건과 대처를 거쳐 부시와 블레어로 이어지
는 일련의 정권들의 배후에는 생물학 결정론의 사상
으로 새롭게 무장하여 세계의 정치 경제 질서를 보수
우익의 패권하에 재편하려는 움직임이 깔려있다. 그
들은 기독교 근본주의와 결합하여 세계평화와 자유
수호를 위한 신탁 국가로서 타 민족을 징벌하는 정의
의 칼을 휘두르며 새로운 십자군 운동과 우생학을 펼
쳐가기 시작했다. 2000년 6월 26일 미국의 클린턴
대통령과 영국의 블레어 총리는 인간의 DNA 염기
서열의 위치를 판독하는 인간게놈 프로젝트(Human
Genome Project)의 초안을 발표했다. 그것은 생물학

결정론의 위대한 승전보였으며 신우익 세력의 21세기를 향한 선전포고였다.

베를린 장벽의 붕괴와 구 소련과 동구권의 몰락 이후 30년, 거칠 것이 없었던 서구 신자유주의 행보에 결정타를 안겨준 사건이 발생했다. 코로나19로 힘없이 무너져버린 미국과 유럽 각국의 방역체계는 서구인들의 오랜 의식세계를 사로잡아오던 오리엔탈리즘에 치명적인 상처를 안기고 말았다.[6] 이제 더 이상 서양인이 동양인보다 더 청결하다든지 위생적으로 앞서간다고 말하기가 부끄러워진 세상이 도래한 것이다. 그리고 유발 하라리와 슬라예보 지젝과 같은 서구의 집단 지성들은 자신들의 미래 예측을 포스트 코로나 시대에 맞추어 수정하기 시작했다. 신자유주의와 세계화의 선봉에 섰던 글로벌 기업들은 앞을 다투어 지구 환경문제를 다루며 자구책을 모색하기 시작하였고, 본격적인 ESG(Environmental, Social, Governance) 경영에 대한 논의가 시작되었다.[7]

한편, 세계를 전운 속에 몰아넣은 러시아의 우크라이나 침공은, 21세기 세계질서를 뒤흔드는 에너지, 자원 및 금융, 경제 전쟁으로 표출되고 있다. 미국과 EU/나토를 중심으로한 서구 사회와 러시아-중국-중동의 새로운 결집에 의한 동양 중심의 아시럽 (Asia에서 Europe으로 나아가는) 질서와의 거대한 충돌로 나타나고 있다. 타락한 인간의 이성이 얼마나 깨지기 쉬운 것인지를 다시 한번 보여주며, 공포스러운 핵전쟁과 생화학 전쟁의 도래까지 우려하는 종말론적 구도가 펼쳐지기 시작한 것이다.

미국에서 가장 오래된 대학 하버드와 영국에서 가장 오래된 대학 옥스퍼드는 세계의 학문 정신을 이끌어 가는 최고 지성의 명문대학들이다. 그곳에 현대 진화론의 생물학 결정론을 주도하고 있는 두 선두 그룹들이 있다. 하버드 대학의 에드워드 윌슨[8]과 옥스퍼드 대학의 리차드 도킨스[9]가 그들이다. 강자의 생존을 위해 약자를 공격하는 것이 자연이 만들어낸 정당한 법칙이라는 그들의 논리가 이 두 기독교(?) 국가에 팽배해 있는 것이다. 마치 서구의 중세 시대가 표면적으로는 로만 카톨릭의 기독교 국가였지만 그들을 지배하던 철학과 과학 사상은 플라톤과 아리스토텔레스의 헬레니즘 철학과 과학으로 무장되어 있었던 것과 마찬가지다. 중세 수도원 운동에서 출발한 옥스퍼드 대학, 청교도 정신으로 세워진 하버드 대학이 전 세계 인본주의의 산실로 탈바꿈한 사실을 어떻게 바라보아야 하는가? 하버드 대학의 설립 이념에는 모든 학문의 영역에서 그리스도의 정신이 드러나게 하겠다는 선언문이 유리알처럼 빛나며 아직도 남아 있다.

유리알은 또 다시 깨어졌다.
그리고 월슨과 도킨스의 전쟁이 시작되었다.

충격과 공포의 죽음의 현장...
연합군과 IS와 탈레반이 휩쓸고간 자리에,
미얀마와 아프간과 우크라이나 국민들의 고통스런

절규가 메아리치는 그 곳에,

깨어진 가정과 울부짖는 여성과 어린아이들의 울음 소리...

포화의 연기 속에서 무너지고 스러져가는 인간성들... 배반과 약탈, 방화...

지난 세기 전쟁의 잔혹함을 경험했던 우리 민족에게 이 일은 결코 남의 이야기가 아니다.

저들의 통곡과 눈물의 상처들이 치유되기 위해, 이제 또다시 얼마나 많은 순교자의 십자가가 저 땅 위에 세워져야 할지...

사막의 모래 바람이 메마른 가슴을 스치운다.

註

1. 린 화이트(Lynn Townsend White, 1907~1987)는 미국 하버드 대학교에서 학위를 받았고, 프린스턴 대학교와 스탠퍼드 대학교에 있었으며 밀스 컬리지(Mills College)의 총장을 역임했다. 그는 유럽의 중세 농업기술사에서 뛰어난 업적을 남겼는데, 그의 주저로는 Medieval Technology and Social Change(1962)가 있다. 일반인에게도 널리 읽혔던 이 글에는 오늘날 우리가 당면하고 있는 생태학적 위기가 얼마나 먼 인류 역사의 과거에 뿌리를 두고 있느냐 하는 것이 잘 기술되어 있다.
2. 그리스 신화에 나오는 대지(大地)의 여신 가이아(Gaia)의 이름을 따서 만든 가설적 신비적 생태이론. 생명을 비롯한 자연계의 모든 것이 가이아로부터 나와 스스로 선한 의도로 움직이며 상호 유기적 관계를 맺고 있다는 학설.
3. 산업 사회가 만들어낸 여러 가지 환경 폐해에 의해 기계적이라는 말은 자칫 부정적 의미로만 비치게 된다. 그러나 여기서의 기계적이라는 단어는 창조 세계의 속성을 구분할 때 그것이 만들어진 것이냐 혹은 저절로 생겨난 것이냐를 논하기 위한 제한적 의미로 사용된 용어이다.
4. 성서를 비판적으로 연구하고 계시(啓示)를 부정하거나 그 역할을 현저히 후퇴시켜서 기독교의 신앙 내용을 오로지 이성적인 진리에 한정시킨 18세기 유럽의 합리주의 신학의 세계관이다. 먼저 영국에서 시작되었으나, 이어 프랑스에 이입되어 볼테르와 D.디드로, J.루소 등이 제창하여 유럽 각지에 퍼졌다. 좁은 의미에서 신이 세계를 창조한 뒤에는 직접 간섭하지 않으며 자연법칙에 의해 세계가 운행된다고 보는 것이 이신론이라고 이해하기도 한다.
5. 인간이 하나님의 형상으로 지음받은 특별한 존재인 것은 하나님의 뜻을 알아갈 수 있도록 하나님과 대화(Communication)가 가능하다는 점이다. 그러나 인간의 타락으로 인해 그 기능이 점차 상실되었고 그것을 만회하기 위해 언어와 문자를 발명하고 이제는 SNS와 유튜브 등 하이퍼 텍스트와 영상 매체를 통해 뜻을 전달하게 되었고, 급기야 인간의 대화를 AI가 모방하는 ChatGPT가 등장하기에 이르렀다. 그러나 영이 없는 AI에 의해 진위를 가리기 힘든 유사한 대화들이 혼잡하게 뒤섞일 경우 인간사회의 영성은 더 급격히 타락할 수 있음을 경계해야 한다.
6. 코로나19와 오리엔탈리즘의종언, 정진호 2020.3.22 경북일보
7. 인간바이러스와 코로나 백신, 정진호 2020.4.2 경북일보
8. 사회생물학 새로운 종합(Sociobiology: The New Synthesis, 1975)의 저자
9. 이기적인 유전자(The Selfish Gene, 1976), 눈먼시계공 등의 저자

부록:
환경문제와 연관된 컬럼

〈부록 1〉 코로나19와 오리엔탈리즘의 종언

　예루살렘에서 태어난 팔레스타인 사람으로 미국 뉴욕의 컬럼비아 대학 교수가 된 에드워드 사이드가 있다. 그는 1978년 '오리엔탈리즘'이라는 책을 출간하여 세계적 석학의 반열에 올라선다. 동양의 대부분 국가가 서방 제국주의의 식민지로 전락한 이래 서양인들은 동양에 대한 암묵적 멸시와 편견의식을 가지고 지난 150년을 보내왔다.

　그들의 잠재의식 가운데는 서양인들은 항상 "합리적이고 과학적이며 위생적"인 반면 동양인들은 "미신적이고 더럽고 비과학적"인 반문명국가라는 선입견이 있었던 것이다. 그 같은 서양인들의 의식 세계는 그들이 만들어낸 각종 예술 작품과 디즈니 만화에서도 여과 없이 드러날 뿐 아니라 심지어 동양을 찾아온 서양 선교사들에게서조차 종종 나타나곤 했다. 에드워드 사이드는 서양인들이 지닌 그 같은 집단심리현상의 총체를 '오리엔탈리즘'이라고 칭하면서 날카로운 문명비판을 가하였다. 그런데 이번 코로나 사태가 그 모든 것을 송두리째 흔들어놓고 있다.

코로나의 기승 속에서 발 빠르게 온라인 강좌 준비를 한 한동대학은 3월 2일부터 전국에 흩어진 학생들을 상대로 실시간 온라인 강의를 시작하였다. '과학기술과 인간정신' 과목 강의 첫 시간에 내가 꺼내 든 말은 이것이었다. "여러분은 앞으로 코로나 이전과 전혀 다른 코로나 이후의 세계를 살아가게 될 것입니다" 그리고 지난 시간 다시 한번 이번 코로나 사태가 가져올 중요한 의미에 대하여, "20세기를 통해 서구사회가 지녀온 오리엔탈리즘이 종언을 고하는 중요한 상징적 사건이 될 수도 있다"는 이야기를 했다.

현재 유럽 국가들이 겪고 있는 일은 초유의 사건이다. 곳곳에 헌병과 경찰이 깔려서 봉쇄되어 고속도로가 막히고 통행증이 있어야만 다닐 수 있고 많은 나라들이 의사의 처방전이 있어야 마스크를 살 수 있다. 앞다투는 사재기로 대형마트가 텅텅 비고 있다. 앞으로 유럽이 이런 디스토피아 사회가 될지도 모른다는 두려움이 서서히 그들을 엄습하고 있다. 결국 우리 모두는 60~70%가 코로나에 걸리게 될 것이고, 우리 주변의 사랑하는 가족들을 잃게 될 것이라고 말한 영국 총리 보리스 존슨의 예측이 맞아떨어질지도 모른다. 그리되지 않기를 바랄 뿐이다.

그 가운데 한국이 해내고 있는 놀라운 방역 위생체계와 차분한 대처 앞에서 G7 국가는 당혹감을 넘어 경이로움의 시선으로 바라보고 있다. 1세기 전만 해도 조선이라는 이 나라는 서구인들의 눈에 너무나 미개하고 더러워서 자신들이 키워낸 일본이라는 선진문명국가의 식민지가 되는 것이 마땅하다고 여겼던 그런 나라였다. 그런데 그 인식이 뒤집어지고 있는 것이다. 팬데믹으로 번진 코로나 사태는 봉쇄로 막을 수 있는 것이 아니다. 순서만 다를 뿐 세계의 모든 국가가 한번은 거쳐야 할 홍역이 될 것이다. 그런데, 그것을 대처하는 모습과 결과물은 각 국가별로 완전히 다르게 나타날 것이다. 조만간 한국은 10위권 밖으로 물러날 것이고 결국 미국이 중국 이태리와 1, 2위를 다투는 나라로 부상할 것이다.

중국과 미국의 상황이 바로 비교가 될 것이다. 이는 첨예한 미중 패권전쟁 가운데 일어난 사건이기에 더욱 의미가 크다. 만일 중국만이 첨단 IT인프라와 그동안 갖추어온 전국민 감시 시스템인 텐왕(天網) 시스템을 가동하여 코로나를 조기 종식시킬 수 있음이 밝혀진다면, 그것은 서구사회가 견지해온 자유민주주의 시스템에 대한 심각한 도전으로 나타날 것이다. 그리되면 중국은 더 급격히 빅브라더 사회로 진입할 것이고, 포스트 코로나의 서구 사회도 크게 흔들리게 될 것이다. 왜

냐하면 다음에 다가올 코로나는 더 강력한 모습으로 등장할 것이기 때문이다.

반면에 한국이 중국식의 봉쇄와 통제 정책이 아닌 투명한 정보공개와 자율적 민주주의 시스템을 유지한 채 이 사태를 잡을 수 있다는 것을 입증한다면(아직 결코 맘을 놓을 시기는 아니지만), 자유민주주의 시스템을 지닌 서구 국가들이 한 가닥 희망의 한숨을 내쉬게 될 것이다. 따라서 한국식 방역체계의 성공은 자유민주주의를 지키는 체제경쟁의 측면에서도 매우 중요한 일이 아닐 수 없다. 전쟁 폐허 속에 일어난 이 작은 나라 코리아가 세계 문명사의 전환을 가져오는 첫 단추를 끼고 있다.

BTS와 '기생충' 열풍으로 세계를 놀라게 한 직후에 벌어진 코로나 사태가, 서양인들에게 고질병처럼 따라다니던 오리엔탈리즘이라는 구시대의 유물을 역사의 뒤안길로 돌리고 있는 것이다. 그리고 이제 오리엔탈리즘에 물들어 살아왔던 유럽과 미국의 서방세계는 21세기의 암울한 디스토피아를 염려하면서 오히려 동양의 작은 나라에 희망의 눈길을 던지고 있다.

출처 : 2020.3.23 경북일보 - 굿데이 굿뉴스

〈부록 2〉 인간바이러스와 코로나 백신

　코로나19가 가져다준 변화는 충격을 넘어 경이롭기까지 하다. 코로나의 거침없는 감염 속도 앞에서 각국의 병원 시스템이 붕괴되며 환자와 병상이 넘쳐나고 사망자가 속출하자 전 세계는 팬데믹의 공포에 휩싸였다. 주가가 폭락하고 세계의 경제가 무너지고 기업이 도산하고 있다. 이제 대공황의 우려는 눈앞의 현실로 다가왔다. 그것은 치열한 패권전쟁을 벌이던 미국과 중국 경제의 동시 폭락이 예견되기에 심각성을 더하는 것이다.

　피터 자이한은 그의 저서 '21세기 미국의 패권과 지정학 (The Accidental Superpower)'에서, 지난 세기 어떤 전쟁에서도 자유로웠던 미국 본토의 지정학적 우위를 예로 들면서 장차 미국의 패권시대는 한 세기 이상 더 지속될 것이라 장담하였다. 2차 세계대전 이후 미국 달러를 기축통화로 유지하기 위해 맺어진 브래튼우즈 협정과 페트로달러 시스템에 더하여, 최근 셰일 가스 혁명으로 에너지 자급 국가로 올라선 미국의 지위는 더욱 확고해졌다는 것이었다. 중국의 '우주굴기'와 중국몽(中國夢)을 향한 '100년의 마라톤'조차 미국에는 신경은 쓰이나 가소로운 도전으로 여겨졌다. 그러나 아이러니하게 중국에서 시작된 코로나19가 그 모든 신화를 무너뜨리고 있다.

팬데믹 코로나는 미국의 지정학 논리가 얼마나 무의미한 것인지를 한눈에 보여주었다. 미국이 세계경제를 장악하기 위해 지난 세월 추구해왔던 자유무역주의와 신자유주의의 질서 속에서 세계화와 시장화로 연결된 지구촌은 더 이상 고립무원이 존재하지 않음을 적나라하게 드러내고 있다. 셰일혁명 이후, 자신감을 얻은 미국은 자국우선주의와 보호무역주의로 자신이 만들어 놓은 세계질서를 무너뜨리는 행보를 해왔다. 지구환경 보호협정인 파리기후협약 탈퇴를 선언하고, TPP 태평양동반자협정탈퇴, 이란핵협상파기, 멕시코 난민퇴출, 방위비인상 요구, 호르무즈해협 파병요구 등 트럼프의 행보는 거침이 없었다. 그러나 코로나19는 그 같은 미국의 보호장벽 쌓기와 봉쇄 전략이 얼마나 덧없는 것인지 보여주었고 오히려 부메랑의 타격을 입고 있다. 코로나는 비자가 필요 없었던 것이다.

실로 이것은 인류를 향한 코로나의 역습이다. 갑자기 다가온 비대면 사회에 대한 당혹감 좌절감 두려움 속에서 어떤 국가의 공권력도 해낼 수 없었던 일을 코로나는 보란 듯이 유유히 밀어붙이고 있다. 전 세계의 정부가 막아서고자 경찰력과 군대를 동원해도 물리칠 수 없었던 각종 반정부 시위와 집회들이 중지 해산되었다. 중국 공안의 어떤 무차별 공격에도 요동치 않았던 홍콩의 민주화 우산시위가 사라졌다. 이란의 반정부 시위도 프랑스의 노랑조끼 시위도 콜롬비아 내전도 중지되었다. 쉼 없이 지속되던 반정부 광화문 태극기 집회마저 멈추어 서고 말았다.

전 세계의 대규모 종교 집회를 중단시켰다. 카톨릭도 개신교도 불교도 모슬렘도 코로나 앞에서는 예외가 있을 수 없었다. 종교집회가 지역감염 확산의 온상으로 밝혀지면서, 사회적 거리두기를 실천하지 않는 종교집단은 사회적 이단아로 손가락질받게 되었다. 국가적 사회적 요청을 받아들이지 않는 종교집단의 반사회적 행위는 한국의 신천지가 그랬듯이 결국 스스로의 이단성을 드러내며 자멸의 길을 걸을 것이다. 오히려 대형화, 물질화, 상업화로 물들었던 종교집회가 가정을 중심으로 한 예배행위로 환원되면서 종교의 본질, 예배의 본질을 회복하는 운동으로 넘어가고 있다. 코로나 이후의 종교 예배는 근본적 변화를 가져올 것이다.

코로나는 평등의 가치를 우리에게 각인시켜주고 있

다. 코로나19 앞에서는 어떤 국가도 어떤 부자도 어떤 권력자도 평등하다는 것을 보여주고 있다. 중국 발병 초기에 오리엔탈리즘의 시각으로 비위생적인 아시아의 질병 정도로 과소평가하려던 G7 국가를 비롯한 과거의 서구 제국주의 클럽들이 현재 가장 큰 곤경에 처하였다. 스페인의 공주도 영국의 총리도 이란의 부통령도 코로나를 피할 수 없었다. 미국을 비롯한 모든 자유주의 국가가 재난지원금의 명목으로 국민에게 현금을 지급하는 사회주의식 평등 복지정책을 실시하고 있다. 기생충 영화가 전 세계인에게 화두로 던졌던 양극화의 문제가 전혀 새로운 양상으로 치유가 일어나고 있는 것이다. 이 현상은 포스트 코로나 사회가 직면할 세상이 대단히 큰 체제 변화로 나타날 것임을 암시하고 있다. 1929년 대공황 시 채택되었던 케인즈의 수정자본주의를 능가하는 사회주의 복지 시스템의 도입이 불가피할 것이다. 코로나가 아니라면 꿈도 꿀 수 없었던 현상들이 벌어지고 있는 것이다.

가정의 가치가 회복되고 있다. 일 중독으로 황금만 능주의로 권력지상주의로 가정을 내팽개치고 돌아다니던 아빠와 엄마들이 온종일 자녀들과 시간을 보내고 있다. 공연이 취소되고 연봉 협상을 위해 쉼 없이 달리던 각종 스포츠의 프로선수들조차 가정으로 돌아갔다. 성경에서 이야기하듯 가정에서의 안식을 반강제로 갖고 있는 것이다. 폐수와 미세먼지를 내뿜던 공장들과 작업장들이 문을 닫자 지구환경이 정화되고 있다. 코로나는 자신만을 위해 담을 쌓고 이기적 행보를 일삼는 어떤 국가도 어떤 집단도 어떤 개인도 자기 자신을 파멸로 몰아갈 수 있다는 엄중한 경고를 지구촌에 보내고 있는 것이다. 지구는 연대적 공동체인 것이다.

이 또한 지나갈 것이다. 벚꽃과 진달래는 여전히 우리 곁에 피고 또 지고 있다. 우리는 대공황의 공포에서 속히 벗어나길 바란다. 그러나 코로나가 가져다준 전 지구적 각성과 반성의 시간은 우리에게 잊혀서는 안 될 가치로 남아야 할 것이다. 코로나 19에 대한 학생들의 에세이를 채점하다가 눈에 뜨이는 구절이 있어서 인용해 본다.

　"어쩌면 자연에게는 무차별적으로 세상을 훼손했던 인간이 바이러스이고 이번 코로나19라는 전염병이 백신일 수도 있지 않을까?"

출처 : 2020.4.2 경북일보 - 굿데이 굿뉴스

21세기 공학과 기독교 인문학이 만날 때

펴낸 날 2022.03.26
출판 등록 초판 1쇄 2022.02.22
3쇄 2024.11.18

지은이 정진호
펴낸이 구세연, 이소명, 김소현, 정경희

펴낸곳 도서출판 울독
주소 경상북도 포항시 남구 포스코대로 138, 301호
전화 070-8808-1355
이메일 uldok.books@gmail.com

홈페이지 1eastseaforum.com
페이스북 facebook.com/Uldok
인스타그램 uldok.books
계좌번호 국민은행 821701-01-621350

ISBN 979-11-973386-4-9 [05300]
종이책 ISBN 979-11-973386-2-5 [03300]